学生眼中的好教育

张贵勇 / 著

中国人民大学出版社
· 北京 ·

图书在版编目（CIP）数据

学生眼中的好教育 / 张贵勇著. —北京：中国人民大学出版社，2019. 11
ISBN 978-7-300-27336-5

Ⅰ. ①学… Ⅱ. ①张… Ⅲ. ①学校教育—研究 Ⅳ. ①G4

中国版本图书馆CIP数据核字（2019）第185801号

学生眼中的好教育
张贵勇 著
Xuesheng Yan Zhong de Hao Jiaoyu

出版发行	中国人民大学出版社		
社 址	北京中关村大街31号	邮政编码	100080
电 话	010－62511242（总编室）		010－62511770（质管部）
	010－82501766（邮购部）		010－62514148（门市部）
	010－62515195（发行公司）		010－62515275（盗版举报）
网 址	http://www.crup.com.cn		
经 销	新华书店		
印 刷	北京华宇信诺印刷有限公司		
开 本	168 mm × 239 mm 16 开本	版 次	2019年11月第1版
印 张	13 插页1	印 次	2021年7月第3次印刷
字 数	160 000	定 价	49.80元

目录

自序

走近儿童，走进教育

2005 年 8 月，儿子哲哲出生，我初为人父。

14 年过去了，哲哲已是一名中学生，正在茁壮成长；而我，无论是行为习惯、生活心态，还是对教育的理解，都在悄然发生变化。

要是说 14 年前的我还是一个有些意气用事的大孩子，那么当下的我则一点点沉静下来，习惯于换位思考，有幸触摸到教育的秘密。这种变化，与其说是时间的推移、生活的沉淀、阅历的丰富的结果，不如说是我陪伴哲哲长大的意外收获——在小家伙成长的过程中，我逐渐明白何为好的教育，怎样与孩子有效沟通。有人说，孩子天生是哲学家，孩子所提出的“天问”指引着父母的成长；有人说，孩子天生是一面镜子，能照出父母身上的不足。在我看来，孩子天生是生活家、艺术家，更是教育家——那些藏在童真深处的单纯、善良，那些看似幼稚实则隽永的话语，总能让人醍醐灌顶。

我是教育媒体人，一些问题总在我的脑海中挥之不去。例如，什么是好的教育？学校应给学生怎样的教育？为什么教师的好心学生往往不买账？为什么学生没有想象中的专注？学生成长的动力从哪里来？卓越的学生是怎样培养出来的？……哲哲出生后，随着他成长，透过他的一言一行、他对事物的看法、他与我的日常对话，我慢慢找到了这些问题的答案，也窥见了好教育的模样。

在哲哲面前，我老老实实地当听众，听他讲他对同学、对自己、对生活、对教育的看法。遇到解不开的困惑，我也常常主动向他请教：有的是知识方面的困惑，如蚊子、蜻蜓的幼虫分别叫什么；有的是心理层面的困惑，如为什么我觉得他们的某位教师很负责，而他却不喜欢。他的回答总是简单、浅白，却不乏哲理，我深思之后往往能生出不一样的感悟。这让我愈加坚信要以孩子为师。

每到新年，哲哲所在的学校都会发一个吉祥物，马年发的是一匹小黄马，羊年发了一只盘羊，哲哲一共攒了 10 个小动物。每天晚上睡觉时，哲哲或将它们放在枕边，或拿出其中的一个搂在怀里，第二天再换一个。我问他为什么这样做，他告诉我："爸爸，如果我总是让一个小动物陪我睡，其他小动物就会觉得不公平，它们会伤心的。所以，要么大家一起睡，要么每个小动物陪我一天。"原来平等的观念已深植于他的内心。如果教师根据自身的喜好等实施教育，就像我上中学时的语文老师那样，经常让学习委员发言，而很少给其他学生发言的机会，就犯了教育的大忌。相反，在学生面前，教师若能放低姿态，把自己当作学生，就会发现每个学生都是教育家、思想家。

在过往的 14 年里，我越来越发现，与其他行业相比，教育有着很强的独特性，教师是在培养人、塑造人的过程中发展自己、成就自己的。此种独特性意味着，在帮助学生更好地成长的同时，我们教师自身也在蜕变，进而与好的教育不断相遇。教育兼具艺术性和科学性，盖世英雄凭借一己之力或许可以成就一番伟业，但面对小孩子，他们可能就会束手无策。好的教师往往一出手就会效果不凡，赢得学生的爱戴，这正是教育的魅力所在。要想拥有这种教育魅力，教师需要不断学习，不断校正自己的教育观，改善自己的教育行为。而学习的主要途径，除了从同行那里汲取经验，还要虚心向学生学习。

哲哲 3 岁的时候，我恰好看过《被孩子教诲》这本书。书中的内容大多记不得了，但书名所传达的理念，我反复琢磨并付诸实践。哲哲从出生到上幼儿园，从小学到初中，他说过的好玩儿的话、做过的有趣的事，我都一一记录，并结合教育媒体人的身份不断反思，于是就有了这本书。

我写这本书的一个目的是，希望每位教师不单单看到学生的学业、奖状、排名，还能倾听他们内心的声音，用春风化雨的方式，去追求好的教育，让教育真正成为一种指向丰盈、灵动、舒展、充实、高尚、美好的存在。

我写这本书的另一个目的是，希望更多的教师，尤其是中小学、幼儿园教师，能和我一起回到教育的源头，即儿童的行为本身，多从他们那里感悟教育的魅力，体悟教育的规律。我也希望更多的教师在阅读这本书之后，能换一种眼光看待学生、自己和教育，让教育成为修炼自身、师生共同成长的过程。也许，这个世界上并没有完美的教育，但学生的言语和行动为我们指出了好教育的方向，让我们有信心抵达教育的理想国。

愿每颗童心都能被善待，愿每位学生都有人欣赏，愿每位教师都能在学生那里发现教育的秘密，愿所有师生都能在彼此的珍视中共同成长。

是为序。

第一辑

好教育的样子

我喜欢爱和我玩的老师

2011 年 8 月，哲哲被一所小学录取，他懵懵懂懂，我却激动得像自己要背着新书包去上学一样。

开学后，我知道班主任姓张，她的女儿和哲哲的年龄差不多，顿时心里宽慰不少。张老师的孩子与哲哲年龄相仿，张老师会比较熟知此阶段孩子的行为、心理、发育和认知特点，在教育教学中也许会更有耐心、更细致。而且，张老师和我都是“70 后”，我们的成长年代相同、价值观比较相似，彼此容易沟通。如今回头看，我与张老师的确交流得比较顺畅，哲哲遇到了一位很好的启蒙教师。

什么样的教师是好的启蒙教师？或者说，什么样的教师适合当小学低年级班主任？从哲哲的成长经验来看，教师要有爱心、耐心、童心，并能与儿童自在地互动。此外，注意呵护孩子的好奇心，当是最为关键的品质之一。

一位秉承“散养”育儿理念的同事曾跟我说，他的孩子大字不识一个，就乐颠颠地上学去了。哲哲与之类似：没上过学前班，没提前学过算术、拼音等所谓的基础知识，只是每天读一读绘本、听一听好玩的故事，一路笑着玩着就迈进了小学的校门。散养的孩子也许需要更长的时间养成专注的学习习惯，去适应学校里的各种规章制度，不像在学前班里泡过一年的孩子那样，懂各种规矩，知识量比较大，进入学生角色比较快。散养的孩子也有很多优点，如保持着旺盛的好奇心，小脑袋里面装着很多个为什么。

上小学没几天，哲哲问我："爸爸，你说最近是不是小偷特别多？""为什么这么说？"我好奇地问。"我发现，最近学校门口多了好几个保安，有时还有警察叔叔站岗呢。一定是现在的小偷太不像话了，老偷别人的东西，所以警察出来抓他们。"哲哲一本正经地说。小家伙不知道彼时千里之外的幼儿园里的小朋友被砍伤的新闻事件，我很佩服他的观察力。

还好，张老师对哲哲这种爱发问的学生给予足够的耐心，她非常喜欢倾听学生的发问，她和学生像朋友一样非常谈得来。每天放学后，哲哲都会主动给我讲他问了张老师什么问题，张老师是怎么回答的，他又是怎么追问的，等等。他和张老师对话的场景被他活灵活现地描述出来，我就像观看了一部部非常有趣的儿童剧。

一次，哲哲班级组织郊游。40多个小朋友在北京远郊的一个农家院里，又是挖红薯又是摘梨子，又是荡秋千又是捉迷藏，小家伙们玩得不亦乐乎。可令哲哲最难忘的不是他见识了农村与城市的截然不同，不是收获了一大筐各种颜色的蔬菜，也不是和同学们玩得满头大汗的场景，而是一路上单独与张老师聊《植物大战僵尸》的细节。哲哲告诉我："爸爸，你知道吗？张老师也知道这个游戏，还和我探讨了僵尸是怎么来的，这太让我惊讶了！"如果教师能在玩上和孩子成为知音，并在玩的过程中引导孩子养成好习惯、塑造健康积极的观念，这个教师就是非常称职的启蒙教师。

后来，我问哲哲："你最喜欢什么样的教师？"他回答说："说话温柔、不打学生、爱听我们说话、愿意和我们一起玩的教师。"我又问他："如果你是教师，你会怎么教育你的学生呢？"小家伙想了一会儿，然后有板有眼地答复："我呀，会好好对待学生。学生不会的话，我会给他做示范；学生表现好的话，我会给他们讲故事作为奖励；学生不听话的话，我会耐心地跟他说，让他改正。课间的时候，我会和学生一起玩，什么都玩……”

俗话说：“亲其师，信其道。”学生尤其是小学生，大多是在喜欢上教师后才喜欢教师所教的学科，进而喜欢上学，喜欢学习更多的东西。记得我刚上小学时，特别喜欢漂亮的班主任项老师。因为我能歪歪扭扭地写出班里15个同学的名字，所以班主任“钦点”我当班级的学习委员，这一当就是六年。课堂上，项老师总是鼓励我，让我回答问题，她经常在全班同学面前朗读我的作文，以至于我早早地爱上了写作。我小学毕业后，项老师不再教我了，但当我回老家偶尔与她相遇时，她还会关心我的语文学习情况，并鼓励我坚持阅读与写作。可见，好的启蒙教师会在学生心中埋下一颗热爱、坚持、向上的种子，他会以非凡的耐心与爱心，走进学生的内心世界，带领学生在某一方面深扎根、快成长。

客观来讲，启蒙教师改变不了现有的应试选拔机制，也改变不了一所学校的教育生态，但他可以给学生留下一个好印象，在学生与学校教育第一次相遇时，为学生创造一个宽松、自由、温暖、充满爱的环境。好的启蒙教师外表上没有统一而具体的模样，但他一定会愿意与学生交流、不滥用体罚、不让学生小小的身躯承担太大压力；他一定会把学生当成一个个独立的、有独立思考能力的人，而不会硬性要求学生做什么、不做什么，不会无条件地要求学生服从自己的意志。

一年级上学期期末考试结束后，哲哲高兴地向我展示了三张奖状——他在数学竞赛中获得三等奖，在中华经典吟诵比赛中获得一等奖，还被评为班级“文明礼仪小标兵”。看着被哲哲贴在书桌前的奖状，我很为他骄傲，但更让我感动的是班主任张老师的评语：

你听话、懂事，是最让老师放心的男孩子。看到课堂上你那专注的神情，老师感到欣慰；看到你在课外和同学们友好相处，老师为你高兴；当你为同学们带来好看的图书时，老师为你乐于分享而感动。你的心纯净得像一块水晶，不染纤尘。不足的是，你在书写上还需多努力。新年到了，希望你再接再厉，下学期你一定会更加优秀。

这些评语让我依稀看到了一个快乐成长的小家伙、一个逐渐适应学校教育的小家伙，更让我看到了一位启蒙教师在教育生活中的细致入微与循循善诱。

人与人相遇是需要缘分的。家长们把一个个活泼可爱、稚嫩单纯的孩子交给学校，启蒙教师不妨像张老师一样，从赢得学生信任、和学生聊到一起开始，回馈这段师生缘。

要是我的老师也会玩悠悠球就好了

2015 年 10 月，我去中国传媒大学附属小学（原北京市朝阳区定福庄第二小学）采访。

那是一堂五年级的媒介素养课。上课的是一位外籍教师，讲的是如何利用摄像机选题材、拍视频，以及一些剪辑视频的技巧。课程内容有难度，尤其是对那些没有使用过摄像机的学生和媒介素养较低的学生而言。我发现个别学生意兴阑珊，听着听着就开始走神。

看学生没有全身心地投入到学习中，外教变魔术似的从裤兜里掏出一只悠悠球，然后一脸调皮地看着几个学习进展缓慢的学生，意思是“你们想不想看悠悠球表演”？只见悠悠球在外教的手里忽快忽慢，忽上忽下，发出低低的嗡嗡声，原本已经走神的几个学生瞪大双眼，立刻来了精神。5 分钟后，外教再回到课程内容，课堂气氛有了 180 度的大转变，学生们都认真投入到小组学习中。

回到家，我给哲哲讲了这件事。小家伙也喜欢玩悠悠球，他一副无比羡慕的神态。“那个老师玩悠悠球的技术真有那么好吗？比我的技术还好吗？爸爸，他能来我们学校上课吗？有机会我真想跟他比一比悠悠球，实在不行跟他比指尖陀螺也可以。你知道吗？我的指尖陀螺最长的一次转了 10 分 35 秒，是班里的最长纪录呢！”顿了一下，他继续说，“爸爸，要是我们的老师也这样会玩就好了，不会玩悠悠球，会玩其他球也行啊，这样我们上课时就没那么无聊了。”

我想起自己上初中时的物理老师，他不仅课上得有趣，下课还经常和我们一起打篮球。别看他个子不高，球技却相当好，什么胯下运球、急停跳投、转身过人，他样样精通，连班里的“四大金刚”都不是他的对手。正因为物理老师经常和我们一起打篮球，那四个被称为“四肢发达、头脑简单”的同学在物理课上很少打瞌睡，期末考试物理成绩甚至达到了班级平均线。现在回头看，这在很大程度上要归功于物理老师打篮球所带来的人格魅力吧！

教师应该成为多面手，越多面越能对学生产生意料之外的影响。其实，堪称中国基础教育脊梁的“中师一代”之所以受欢迎，除了他们勤奋好学外，还在于他们多才多艺：粉笔板书、吹拉弹唱、跳舞体操等都过硬，每一样都能“唬住”学生。江苏省徐州市的于永正老师就是一个代表。他的京胡，行云流水；他的京剧，字正腔圆；他的板书，赏心悦目。他上小学三年级就开始跟老师学拉京胡，一把刻有“民国三十一年杨宝忠监制”的京胡，一直伴随着他。他喜欢唱京剧，经常在课堂上给学生唱上两段，这成为他的学生终生难忘的记忆。在一些公开课上，他也不时表演《宇宙锋》《霸王别姬》等京剧片段。于老师曾说：“如果我身上有一点灵性，比别人多一点悟性，我想，与我学京胡、唱京戏、热爱艺术有很大关系。”

2014 年，在青岛的一个教育会议上，我有幸聆听了于永正老师的一堂公开课。课上，他对与会的 1000 多名教师说：“我从小就喜欢京戏，二三年级刚开始学的时候，老师说我的嗓音不好，声音不亮。但我不服气，我反复练习，唱了一遍又一遍。后来老师夸我：‘于永正，你唱得还真行！’你们想不想听我唱？”70 多岁的于老师表演了一段，赢得了一阵又一阵的掌声。

学生尤其是小学生，有着鲜明的“亲其师，信其道”的特点。教师性格开朗，写字漂亮，会画简笔画、吹奏乐器、变小魔术，就能让学生眼前一亮，赢得他们的爱戴。到了小学高年级，学生的视野开阔了，学生对教师有了自己的判断标准，如果教师没点真本事，就很难摆平班里调皮的学生，课堂上也难以有意外的精彩。

与爱打篮球的物理老师不一样，我初中时的政治老师只会照本宣科，课堂上总是讲试题，课后则是让我们大量背试题，连个笑话都很少讲，不太受学生待见。同学们谈起政治老师来，也不像对物理老师那样尊重，个别学生甚至在背地里给他起了“老学究”的外号。后来，听原来的班主任说，我初中毕业没几年，政治老师就离开学校了，听说是经商去了。

哲哲上小学三年级时，很期待星期三，因为那一天“有科学课”。一天放学回来，哲哲告诉我：“爸爸，没想到我们的科学老师跑得那么快，连我们班跑得最快的徐子睿都追不上呢！”“你的科学老师姓什么？”“我们都叫他周老师。”“是不是叫周逸呀？”“我也不知道，明天我问问他。”第二天，哲哲很惊讶地问我：“爸爸，你怎么知道我们科学老师的名字？”“因为我经常跟周老师打篮球哇，我们在一起打了一年多，算是球友呢！”实际上，我能想象得到，在篮球场上极其活跃的周老师在科学课上也一定活力四射，必然很招学生喜欢。我还知道，他是一位马拉松爱好者，是学校的定向越野带队老师，他的足球也踢得很好，业余还喜欢观测天文，可谓全能型教师。这样的教师，学生不喜欢才怪呢。

教师好玩一点儿，多才多艺一点儿，不仅能赢得学生的爱戴，也能让教育教学焕发光彩，至少不会那么无趣。我总觉得，教师也是人，当代教师不能再像韩愈所说的那样过“焚膏继晷，兀兀穷年”式的枯燥生活，不能眼里只有学生，没有自己，那样并不符合教学相长的内在规律。教书之余，教师要有自己的生活，享受自己的爱好，不管是阅读、打球，还是摄影、画画、书法、乐器，哪怕只是健身、散步、跳广场舞，都对身心有益处。现实中，那些有着丰富业余爱好的教师，往往对生活充满热爱，在教育教学中精力充沛，浑身上下有使不完的劲儿，而这也许就是业余爱好对教育者最好的回赠。

教育在内容上是教师传道、授业、解惑，在形式上是教师和学生一起在玩中学。这决定了好玩的、多才多艺的教师更受学生欢迎。所以，为了成为学生喜欢的教师，为了体验更多的教育乐趣，教师们玩起来吧!

爱读书的老师更受欢迎

哲哲读小学二年级以后，我经常到全国各地的中小学推广阅读。在讲课过程中，我发现许多教师尤其是小学教师，对童书了解不多，对怎么读童书、读哪些童书心中没有数，有的教师甚至不知道绘本为何物。我对教师是否了解童书，有一个基本的判断，就是问“你们有谁看过《我爸爸》《猜猜我有多爱你》《疯狂星期二》《神奇校车》，看过的请举手”，有时候应者寥寥，结果让人失望。

一位教师如果连这些经典的童书都没有看过，其他的诸如《了不起的狐狸爸爸》《永远讲不完的故事》《猫头鹰王国》《团圆》《汉声中国童话》《小猪唏哩呼噜》《埃米尔擒贼记》《大侦探小卡莱》等，很可能也不熟悉。其实，这些童书都是很好的教育资源，能起到为学生的精神世界打底、浸润童心、开阔学生视野、培育价值观的积极作用。如果学生在学校里没有机会阅读这些经典童书，在成长过程中没有如此好玩的故事相伴，那该是学校教育多大的遗憾哪！

我把自己的这个观点告诉哲哲，小家伙回应道：“爸爸，其实呀，我的老师还行。张老师看小孩子的书比较多，像我喜欢的《鳄鱼哇尼》《恐龙大陆》，她都知道。她经常给她的女儿读这些故事书，有时候她还在课堂上给我们读呢！对了，我经常往学校带书，就是张老师让我带的。”“那你觉得老师除了教课本，应不应该多读读你说的小孩子的书呢？”“没空就算了，有空读一点儿还是很好的，这样我们就有共同语言嘛，聊聊书也蛮好。我呢，比较喜欢知道很多好玩的书的老师。”

当教师爱上童书，不只和孩子有聊天话题，还能知道孩子内心在想什么，获得破解童心的密码。我的切身感受是，教师尤其是小学教师应该多阅读、推广童书，努力将自己从童书爱好者变成童书研究者，这对提高自己与学生沟通的质量，上好一门课，以及理解教育的内涵，都大有裨益。由于职业关系，我采访过许多小学名师，发现窦桂梅、闫学、周益民等杰出教师，无一不是童书阅读的行家，他们的脑子里存储着大量好玩的故事。比如闫学老师，在从教研员转身为小学校长后，她专门建了一座设计独特、环境优雅、藏书丰富的爱丽丝绘本馆。爱丽丝绘本馆不仅可以用来做阅读教室，还可以用来上各种阅读课乃至主题班会，成为孩子们最流连忘返的地方。在她的带领下，学校里的许多教师钻研绘本，开发了十多种绘本课程，绘本俨然成为学校教育教学的重要素材。

现在是教师了解、钻研童书的大好时期。近年来，各大出版社纷纷进入童书市场，本土原创与国外引进力度均有所加大，童书出版呈现连年增长的态势。在国家层面，《全民阅读促进条例（草案）》《中华人民共和国公共图书馆法》等的出台，推动了民间阅读热情的高涨，营造了良好的全民阅读氛围。线上的优秀图书分享、阅读推广人讲座，线下的读书会、分享会等阅读活动也越来越多。可以说，童书的品类越来越丰富，童书阅读的环境越来越好，我们进入了童书阅读的大好时代。

但正如我在推广阅读中发现的那样，很多中小学推广阅读、建设书香校园仍停留在形式上。由于缺少专业指导，他们所做的阅读活动过于强调学生读书笔记的数量，过于重视开展诵读活动的次数，阅读后的作业只针对某一门类而忽视了阅读效果的多样性等特点，使得童书的价值没有真正发挥出来。这些阅读活动无助于提高学生的阅读能力，反而可能会让学生讨厌阅读。

一些教师尤其是小学教师，没有把阅读放在心上、落实到课堂上，没有把学生喜闻乐见的童书引入班级、引入教学管理，更不用说用丰富的童书、经典的故事来给学生上课了。在书单更新上，有的教师显得有些落伍：一谈阅读，脑海中浮现的就是“四大名著”；一谈传统文化，想到的就是《弟子规》《三字经》等；一谈科普，推荐的就是《十万个为什么》等。其实，每个门类当前都已经积累了大量的经典童书，这些经典童书既好玩又有趣。因此，教师有必要重新梳理中小学阅读体系，重新看待阅读的价值。

也许，很多教师忙于日常的琐碎工作，没有时间阅读，但既然与孩子打交道，既然本职工作是教书育人，教师就不能忽略书籍对孩子潜移默化的浸润，不能无视阅读习惯培养之于孩子成长的重要性，不能舍弃童书之于课堂教学的巨大帮助，不能无视童书这座富矿。有的教师可能会认为，自己不是教语文的，用不着读童书。真的是教什么才要学什么吗？不更新知识可以做好教学工作吗？读童书是在浪费时间吗？以我的经验，不管是哪个学科的教师，读一读童书，都是有百利而无一害的。把阅读童书当作一种生活习惯、一种专业成长路径，抑或作为一种休闲方式，可以帮助教师了解孩子行为背后的心理变化、认知发展，这是一项极有意义的教育投资。比如，体育老师可以读一读英国球星弗兰克·兰帕德写给青少年的《球衣 8 号》，遇到喜欢足球的孩子，一起聊聊书中的故事及足球知识，定会有助于拉近师生关系，帮助孩子对足球、体育产生更多的热爱，在学生心中埋下一颗奋力拼搏的种子。

教师只有多读书，才会知道如何为孩子选书，如何和孩子以书为媒成为知心朋友。教师本身应是一位真正的读者，多读一些有分量的童书，多读各种门类的童书，这样才能突破选书的瓶颈，给予孩子有效的帮助，进而实现教学相长。

有句话说得好："你爱上了阅读，世界就爱上了你。"之于学生如此，之于教师也是这样。希望教师们能像哲哲期望的那样，有空就读一读童书吧！

有耐心的老师才是好老师

哲哲读小学四年级时，一天晚上趴在床上翻看绘本《那只深蓝色的鸟是我爸爸》。看完之后，他发出一声长叹："要是黄老师也像这只蓝鸟一样就好了。"我问他为什么这么说，他幽幽道来："黄老师教我们数学，辅导我们的时候，她总是不耐烦，我一犯错，她就特别生气，吓得我连平时会的东西都不会了。""是不是你太笨，老师怎么教你都不会，让人忍无可忍哪？""那也不该骂我呀，再说她越吼我越不会，当老师的怎么能没有耐心呢！"

不晓得当时的课堂是怎样一番情景，教师发火一定事出有因，换作平常人估计会发更大的火。但教师毕竟不是平常人，应遵守明确的职业准则，吼学生肯定是不对也不可取的。而且，教师的吼叫给学生带来的恐惧，不仅无助于提升教学效果，还会影响学生的身心成长。在这一点儿上，许多教师的确应该像《那只深蓝色的鸟是我爸爸》中的爸爸学习——为了教会孩子一道简单的数学题，胖胖的爸爸把自己装扮成一只深蓝色的大鸟，每天爬到树上，一遍又一遍地为孩子飞翔。后来，孩子终于算出"树上有 20 只鸟，第一次飞走 5 只，第二次飞走 4 只，树上的鸟比原来少了几只"的答案，爸爸的飞翔项目才算结束。

有人说，世界上最好的教育是妈妈的耐心。是谁的耐心其实并不重要，重要的是我们静下心来，静待花开，对教师而言尤其如此。当每个学生都放松身心时，教室才是理想的学习场所，师生才能一起进行积极的互动，教学才能生发出更多有价值、有意义的内容。虽然教学和学习不总是轻松愉快的，但它们也绝对不是让人畏难和恐惧的过程。如果学生对学习有了恐惧心理，就不只是教师教学技能的问题了，大多数情况下是教师触碰了师德这条红线。

优秀的教师能让自己静下心来，面对学生的磕磕绊绊、懵懵懂懂时，不会急于否定，更不会揠苗助长，而会怀着足够的诚意与耐心，像呵护一棵树苗一样，等待、激励学生迈出一小步，再迈出一大步，从一棵幼苗慢慢长成一棵大树。在这方面，我很佩服小学数学特级教师吴正宪。在讲授《面积》一课时，若有哪位学生没听明白，吴老师不急躁、不生气，总是停下来，反复启发学生，耐心引导学生去思考、发现。“孩子，不急，不急，停下30秒再表达自己的见解更好”这句话常挂在她的嘴边。在许多听课者的眼里，吴老师有时候为了一两个拖后腿的学生而减慢教学进度是不明智的，但这种关注每个学生的做法，其实才是得到了教育的真义。

也许是不够科学的评价机制，也许是日益浮躁的社会风气，抑或是教师自身的原因，不知为何，我总感觉社会上弥漫的功利之心与焦虑氛围已经不知不觉间渗透进校园，并日益潜滋暗长。现在的学校少了一份从容，教学少了一丝静气，学校与教师往往被冷冰冰的分数和排名所裹挟，由此带来过于僵硬和死板的教育管理。一些学校今天学习某所名校的典型经验，明天又照搬某所名校的办学模式，唯独对讲究慢、爱心与耐心的教育精髓缺乏关注。一些教师一方面在教学上不断地赶进度，另一方面又忍受不了部分学困生拖后腿。此种教育理念或管理方式，短期来看不利于师生关系的和谐，破坏了学生的学习兴趣，长期来看则损害了教育之美、育人之乐。

在这方面，我也曾犯过不大不小的错，至今想来还颇后悔。哲哲4岁时，我曾拿下墙上的挂钟，用半天的时间教他认识时间，结果毫无收获，一怒之下我将挂钟摔得粉碎。等到哲哲上小学二年级时，我才发现数学教材里有认识时间的章节——在教孩子认识时间这方面，我错得十分离谱，犯了典型的过于急躁的错误。而慢下来，放一边，似乎更能接近真正的教育，领悟到教育的真谛，这是我从与孩子互动的过程中得到的切身感受。

记得有一次，哲哲教我和爱人折纸塔，就是将一张A4纸裁成均等的两半，折叠成一个三角形，然后将这些三角形插在一起，变成埃菲尔铁塔那样的形状。在教我们的过程中，哲哲非常有耐心，每个步骤都反复教了很多次，还画了一张分解步骤图，贴在家里的小黑板上。最终给我俩打分时，他说："你们完成得都很好！我呢，给妈妈打100分，给爸爸打99分。"我表示不同意，因为我是最先折出来的。哲哲如此回答："爸爸，虽然你折得又快又好，但是你没有认真听我把话说完，缺少一点儿耐心，这里要扣掉1分。"哲哲谆谆教诲，我心服口服。

跟学生一起成长，少不了足够的耐心，而有了耐心，教师就会看见学生不时迸发出的哲思。哲哲有段时间酷爱昆虫，曾问我关于翅膀用处的问题，当时我有很紧急的工作要完成，但还是放下手里的笔，跟他探讨这个话题。原来，在一本童书里，蜻蜓与狼蛛开展了一场关于翅膀有没有用的辩论赛，哲哲对部分内容感到困惑。我们谈了10多分钟后，哲哲突然说："爸爸，我觉得呀，蜘蛛侠一定是被狼蛛咬的。""为什么？"我惊奇地问。"你看哪，蜘蛛侠是用手吐丝的，而在所有蜘蛛中，除了狼蛛，其他都是从腹部下面的腺体吐丝的，叫什么吐丝器。"哲哲慢条斯理地问答。这的确是个大发现，回想《西游记》

中《错坠盘丝洞》一集里猪八戒就是被蜘蛛精们用腹部吐丝器吐出的蛛丝缠住的，我不得不赞叹哲哲的大胆思维。

以前我总纳闷孩子的思维是怎么培养或训练的，哲哲的回答让我明白，其固然与孩子大量的观察和阅读有关，但更多地需要教师或家长拥有耐心，营造宽松的成长环境，时刻给予孩子鼓励。

老师就得喜欢孩子的叽叽喳喳

春节回家，我和在培训机构工作的表妹聊天。她告诉我她所在的城市里小学生补课的情况很普遍，很多学生一到周末就在不停地赶场，常常是迷迷瞪瞪地走进教室，一坐就是半天。有的学生上课时打瞌睡，明显睡眠不足，连她都觉得那些孩子太可怜了。

听到一点儿话头的哲哲没插话，但回家的路上却很郑重地对我说："爸爸，其实我是要谢谢你的。""你谢我什么？"我笑着问。"谢你没给我报这样那样的补习班哪！"哲哲欢快地说，转而，又继续说："你说，那些家长也真是的，为什么不听听孩子的想法呢？还是我们刘老师好，我们聊什么她都喜欢听，像周桓黄同学特别能说，我都有点烦，但刘老师不觉得烦，还听得很认真。""你的意思是喜欢听学生叽叽喳喳的老师才是好老师？"我反问道。"当然了！"他言之凿凿。

我赞同哲哲的观点，教师应该多听孩子的心声，我甚至觉得很多时候一个人会听比会说更重要。有的教师像绘本《冬冬，等一下》里的那对父母一样，往往不认真倾听孩子在说什么，甚至连倾听的姿态都没有；有的教师不管孩子是否愿意听，是否听得进去，都要把自己认为好的东西，统统硬性灌输给孩子。殊不知，不了解对方的需求、没有心灵沟通的教育，不仅毫无作用，甚至可能南辕北辙。而教师多听听孩子的想法、心愿，教育才会站在对的起点，不至于发生"对牛弹琴""夏虫语冰"的笑话。

哲哲有段时间特别喜欢说倒装句。一次，哲哲妈妈下班回家后，哲哲对妈妈说："妈妈，我觉得你呀，是最令人讨厌的、最没有同情心的、最好吃懒做的妈妈——"哲哲妈妈听后脸色一下变了，怒目而视，差一点儿要举起手来。没想到，哲哲笑嘻嘻地接着吐出"才怪"两个字。哲哲妈妈意识到误解了哲哲，有点不好意思。还有一个家喻户晓的故事是这样的：一位妈妈想考验孩子的孝心，问孩子："如果我们俩在沙漠里，都非常口渴，而你有两个苹果，你会怎么做？"得到的回答是："两个我都咬一口。"妈妈一声叹息，以为孩子太自私，自己把孩子白养那么大。没想到，孩子随后解释了为什么这样做——"这样我就可以把最甜的那个苹果给妈妈了"。

孩子的任何做法都不是毫无缘由的，一言一行都有着内在的动机。教育者不仅要看到孩子的言行，更要看到言行背后的出发点，将孩子当作独立的、有思想的人对待。想要做到这一点儿，教育者不仅要有倾听的姿态，还要耐心地听孩子把话说完。以我的经验来看，教育从来都不能单向用力，在教育发生之前，重要的不是计划是否完美、初衷是否"高大上"，而是先搭一座心灵之桥，倾听彼此内心的声音。此种倾听不是做做样子、摆摆姿态，而是教育的一部分。教育者认真倾听之后，就能捕捉到童心的秘密。

《孩子们，你们好！》的作者、苏联教育家阿莫纳什维利曾说过，"谁爱儿童的叽叽喳喳声，谁就愿意从事教育工作；谁爱儿童的叽叽喳喳声已经爱得入迷，谁就能获得自己的职业幸福。"的确，好的教师喜欢小朋友叽叽喳喳，喜欢倾听他们诉说心里的小秘密，喜欢他们争前恐后地分享自己的感受和故事。那些善于倾听的教师，总能得到孩子的爱戴，解开孩子心灵世界的密码。不得不承认，当下部分教育者似乎并未养成倾听的习惯，他们习惯于机械地、干巴巴地、声色俱厉地说教。有时候，个别教师即使有意摆出一副倾听的姿态，却是一只耳朵进另一只耳朵出，未能让孩子的声音停驻于心，即教育学者李政涛所言的“虚假的倾听”。

我喜欢听哲哲絮絮叨叨地讲他在家里、在学校里、在书中看到和听到的大大小小的事。上幼儿园的时候，他喜欢跟我讲奥特曼的种种绝招；上小学时，他喜欢跟我畅谈《植物大战僵尸》里各种植物的特点；最近半年，他喜欢跟我分享各种昆虫的特点，诸如“皮皮虾和田鳖放在一起谁会赢”“水龟虫和龙虱是不是一种虫子”“斑衣蜡蝉的翅膀为什么是彩色的”，等等。虽然我经常被他问得难以招架，有时候甚至不胜其烦，但我从来不敢伤害那颗小小的好奇心。回答不了的时候，我就耐心地听哲哲这位小老师的谆谆教诲。更重要的是，在那些絮絮叨叨中，我看到了他成长的轨迹，知道了他是一个什么样的人。

倾听不仅是一种姿态，更是一种重要的学习方式。儿童文学理论家松居直说过，现代的孩子越来越习惯于用眼睛去看、去学，他们的学习方式更多是视觉的，他们不懂得用耳朵去听。但那些口口传承的民间故事，一旦化为文字或图画，就失却了音韵所特有的旋律。所以，学会倾听是一门教育艺术，是师生都该掌握并熟练运用的技能。课堂上，师生侃侃而谈，自由辩论，时而热闹非常，时而鸦雀无声，那才是最美的、最理想的教学。相反，整堂课都只有一种声音，那是伪教育，是我们需要警惕的。

蹲下身，认真听，在叽叽喳喳声中，教师会看到不一样的学生、不一样的教育。

我喜欢小林那样的校长

锁头终于打开了。

浩杰冲在最前头。

校长也跟在大家的后面，小心地走下滑梯似的陡坡。

…………

2015 年的元旦假期，我给哲哲读绘本《要是陀螺转起来》。读到校长输了赌约，不得不打开游乐场的锁，孩子们一窝蜂地涌进时，小家伙异常兴奋，似乎变身为那个不服输的浩杰，满脸春风荡漾。

我也很喜欢日本作家宫川比吕创作的这个故事，其中有很多教育思考。枫树小学的操场尽头有一个游乐场，小朋友都喜欢在那里玩。可是，浩杰不小心从独木桥上摔倒骨折后，学校就锁上了游乐场，不再让孩子们进去玩。孩子们央求新来的校长网开一面，谁知校长出了一个古怪的点子：要想开游乐场的锁，必须赢得转陀螺的比赛。一次次失败后，孩子们陆续放弃了，唯独浩杰不气馁。一番辛苦练习后，浩杰终于像校长一样能同时玩转四个陀螺，游乐场重新开放。之后，孩子们跟校长又订了一个赌约……

“爸爸，我觉得呀，校长就应该像个孩子一样，愿意与我们一起玩，能和我们玩到一块儿。我们的校长就差那么一点儿，他呀，更看重学习，老在大会上说‘我们要好好学习，长大后报效祖国’之类的话。”读完故事，哲哲开始品评故事中的情节与人物，还不忘联想自己学校的校长。我问他：“那你喜欢什么样的校长呢？”“我呀，我喜欢‘哈皮皮快乐成长’系列里的校长，他和学生一起吃午餐。我喜欢《窗边的小豆豆》里的校长，就是叫小林的。你看，小豆豆的钱包掉到粪坑里了，她为了找钱包把大粪挖得到处都是，校长看了不但没批评她，还帮忙一起翻大粪找哇找。小豆豆喜欢在学校的树丛里钻来钻去，校长也跟着她一起疯。哎，我们学校没有树丛，要不我也想钻着玩……”说完，小家伙一声叹息，略带惆怅地望向窗外，好像在想象着拥有一片树丛或游乐场的小学该是何等美好的模样。

与学生打赌后遵守约定的卷毛校长、宽容对待每个学生的小林校长、愿意与学生交流小秘密的哈皮皮的校长……如果说一个好校长就是一所好学校，浩杰、小豆豆和哈皮皮就都幸运而幸福地进入了好学校，他们的童年也是五光十色、丰富多彩的。其实，要想守护孩子们的童年，我们就该尊重孩子们的天性，让他们多到大自然中去探索，多体验好玩的东西，而不是把他们关在教室里学各种知识，让他们只在教室里想象万物。在此过程中，校长和教师要怀着耐心与爱心，接纳、呵护孩子的成长，等待陀螺转起来，等待童心飞起来。

联想当下我们身边的一些学校，充满童心的校长不是太多，而是太少。有的校长只有在开学典礼或毕业典礼上才露面，他们总是忙着出差、开会，只关心学生的学习成绩和校园安全。有的校长取消了体育课，禁止学生接近操场上的运动器械。个别学校甚至规定，在教室内学生之间必须保持一定的距离，以防发生意外。有关校长的一切，学生只能从校园橱窗里的简介得知一二。学生在学校期间，很少有机会与校长对话，也不知道校长是一个什么样的人。

儿童文学作家张秋生曾说过，我们以爱的名义，做着伤害爱的事情，把自己以为重要的喜欢的东西强加给孩子，从来没有平等地蹲下来，问孩子需要什么。反思自己，反思教育，重要的还是要尊重规律，从儿童出发，倡导儿童本位。此虽老生常谈，但落实到细节却不容易。在孩子的心目中，好校长的模样不应该是模糊的，而应该是丰富立体、生动有趣的，是由一个个暖心的画面组成的。

在吉林省抚松县某小学，我就遇见过这样的校长。我跟这位小学校长走进校园时，一个可爱的小女孩冲到胖胖的校长身边，拍拍他的大肚子，以一副不容置疑的口吻说道："你看你的肚子都这么圆了，别再喝那么多酒了呀！"校长不好意思地笑着说："好的，×××同学，我记住了，最近一定不喝酒了。"孩子像个小大人，校长像个大孩子，这其乐融融的一幕让我心中一热，久久不能忘却。

我问过哲哲"你心中的好校长是什么样"这个问题，他的回答是："好校长啊，要把学校建得很美，像花园一样，还要多跟我们聊天，最重要的是，要让老师少惩罚学生，少留作业。""如果你是校长，你会这么做吗?""当然会了。要是我当校长，我还会让老师多带学生去郊游，一周一次。午餐时，小朋友想吃什么就有什么，最好是每天都有豆沙包，我们班的同学都爱吃豆沙包，我经常抢不到。还有哇，上课多少时间，下课就多少时间，就是玩耍和学习的时间要一样长……"

虽然哲哲的话没有勾勒出立体的、活生生的好校长的形象，但做一个好校长似乎并不难。只要校长多在孩子的需求上下功夫，多在孩子的健康成长上花心思，让孩子简单地做一回孩子，教育就不至于偏离初心，校长也会成为学校里最可爱的人。

疯狂留作业的学校太可怕了

2012 年国庆假期，哲哲去了他的大姨家，见到了久未见面的表姐，满怀期待她能陪自己玩一玩。遗憾的是，刚升上初中的表姐只放了三天假，且一直忙着做作业。作业内容是各科模拟试卷，还有一些背诵文章，包括大段的英语课文。看表姐无暇跟自己玩，哲哲很失望。假期快结束的时候，他很严肃地对我说："爸爸，等我上中学时，你帮我找一所没那么多作业的学校吧！我可不想去表姐上的那种疯狂留作业的学校，这样的学校太可怕了。"

哲哲的话让我感慨良久，我想起网上的一篇帖子，一位高中女生拿出高中三年所做过的试卷，摞起来几乎跟她的身体一样高。很明显，从哲哲的话中，我嗅到了一丝担忧甚至恐惧的气息。教育是不应该让学生心生恐惧的，真正的好学校应给予学生一种宾至如归、如沐春风的感觉，会让学生发自内心地生出深深的眷恋与爱戴。

美国传奇教师雷夫·艾斯奎斯在《第 56 号教室的奇迹：让孩子变成爱学习的天使》一书中写道："我的教室里什么都有，唯独没有恐惧。"因为没有恐惧，第 56 号教室里的孩子们幸福快乐地成长，尽情地打棒球，定期排演莎士比亚的戏剧，定期去外地游学，与雷夫老师成为无话不谈的朋友。第 56 号教室像是一面镜子，映照出当下我国很多学校浓浓的应试教育的味道。杂文家吴非老师曾经说过一句比较刺耳但值得反思的话："如果不遵循常识，教育越多，对孩子的伤害就越大。”

教育的好与坏，孩子心知肚明。哲哲上小学二年级时，我问他：“你觉得什么样的学校是好学校？”小家伙告诉我：“好学校哇，就是有美丽的校园、丰富多彩的活动，老师有耐心，喜欢每个学生，最重要的是不留太多的作业。”“那你觉得不留作业怎么样？”“不留作业也不太好，那样小朋友可能就会贪玩。”“假如你是老师，你怎么留作业呢？”“我呀，我会留一点儿作业。如果是学习好的学生，我就留一些难题。如果是学习差的学生，我就留一些基础题。”“那中等生呢？”“中等生啊，让他们自己多看看书就好了。”

原以为小朋友只是被教育者，不会对教育本身有什么想法，但哲哲的这番话让我对他刮目相看。对于所受的教育、所处的环境，孩子有着天然的感悟力，有着独到的看法。他们的心中都有一杆秤、一把标尺，能准确衡量出教育的好与坏、教师的优与劣、教学的精彩或失败。沉浸在快乐而温馨的教育环境中，孩子便能如花朵般绽放；而身处应试教育的浓厚氛围中，孩子的生命状态便可想而知。

2014 年 9 月，某中学两名高一男生坠楼身亡。据当地公安局通报，两名中学生系因不堪学习压力而相约跳楼自杀。也是当月，《成都商报》报道，一位成绩在班上名列前茅的五年级小学生，在一个月内的考试中成绩连续下滑。经过四川大学华西医院心理卫生中心的医生诊断，这个孩子患上了抑郁症。我没给哲哲讲这两条新闻，我担心他不能准确理解、把握其中的因果关系。实际上，关于教师的教学方法、当前学校的升学压力、众多家长的教育诉求等，我也很少跟哲哲说，但有一件事让我彻底改变了看法。

一天，放学回家后，哲哲问我：“爸爸，你说用吹哨子的方式指挥学生好不好？”我没有直接回答，反问他：“你觉得呢？”“我觉得不好，小孩又不是小狗。再说小孩都有名字，吹哨子是对小孩的不尊重。”我又问他：“你在哪里看到吹哨子指挥小孩的？是你们学校的老师吗？”“不是，是在电影《音乐之声》里，那个上校爸爸这样指挥他的小孩。”“哦，是这样啊，那你喜欢电影里面的女家庭教师吗？”“喜欢，非常喜欢。”“喜欢她什么呢？”“我喜欢她教育孩子的方法，还喜欢她唱的歌。怎么唱来着？对，逗一只阿爹——”说着，他竟然哼唱起来，尽管有些跑调。

“那不是逗一只阿爹，是‘Doe，a deer，a female deer——’（哆，一只鹿，一只小母鹿——）”憨笑哲哲的幽默感之余，我再次感叹，孩子才是天生的教育家，对教育规律、教学技巧都有自己的洞察与理解，而且理解得比较到位。因此，对学校要不要推行应试教育的问题，学校最好与学生及其家长商量后再决定，两害相权取其轻。应试教育也许不能从根本上避免，但能不能不那么早开始？能否倾听一下学生的心声？哪一种方式更适合学生？学生心里其实很明白。

何为好的教育？确如哲哲所言，好的教育是教育者有着浓浓的爱心与耐心，站在儿童的立场，遵循儿童本位和教育规律，是教师微笑着、耐心地等待学生一天天成长，是让学生有时间学习，更有时间做自己想做的、爱做的事，而不是像填鸭一样硬性给学生灌输所谓的知识。如何给予学生好的教育，如何办一所好的乃至伟大的学校，路径有好多种，需要我们不断探索。身处当下的教育环境，教师也许有无奈之处，但不妨从自我做起，给学生留出一点儿放飞心灵的自由空间。

好学校让人时常怀念

2011 年哲哲幼儿园毕业时，我问他是否想念幼儿园的生活，他给了我肯定的回答。我又问他怀念幼儿园的什么，他告诉我怀念幼儿园的一切。

等 2017 年哲哲小学毕业时，我又问了他这些问题。他的回答是：“爸爸，其实我很舍不得班主任刘老师，她那么喜欢我，我上中学后，可能就见不到她了。”“你读的中学距离小学不远，有空就去看看刘老师吧。”“嗯，我会的，我还答应刘老师以后继续多看书呢！”“那你觉得你读的小学算不算是好学校呢？”“我没有去过其他学校，不好比较，但我觉得它应该算是好学校，因为在这里的六年，我很快乐，也很幸福。”

学校应在学生心里留下什么？教师应给学生留下什么？学生该如何回望多年的校园生活？每当毕业季来临，一批批学生即将开始新的学习生活时，这些问题都格外值得教育者深思。

2017 年 6 月，我在网上看到两条新闻。一条新闻是，在安徽财经大学会计学院党委副书记的办公桌上，放着一本名为《致敬，我的大学——在安财会院的日子》的书稿。书中写的是该校会计学院毕业生孙佳丽对母校教师无限的感恩和敬意，对学弟学妹的期许，对大学生活的怀念，以及对未来生活的向往。厚厚的书稿体现了学生对学校的留恋之情，表达的是一份感恩之心。

另一条新闻是，在河南省某国际学校的毕业典礼上，优秀毕业生韩某的爸爸激动地表示，非常感谢三年来学校对他孩子的培养。经过学校的教育，他的孩子变得自信、独立、自主、上进，他为孩子感到骄傲和自豪。他的孩子在学校里不仅学到了渊博的知识，而且拥有了开阔的思维和无穷的想象力。

结合哲哲对小学生活的回忆与感触，我突然觉得自己童年时代的村小也算是一所好学校。的确，骨干教师的数量、学生升入名校的比例、师生获奖证书的多寡，固然能部分地反映学校教育质量的优劣，但数据之外的细节，诸如教师在教育教学过程中对学生是不是真心负责，是否能怀着爱心与耐心去做每一件事，更能真实地反映学校的文化。很多时候，学校教育的成功，真不见得体现在满墙的证书和满桌的奖杯上，也不必通过成批考入名校的毕业生的大幅照片来呈现。相反，学生发自内心的行动，学生家长饱含深情的谢意，都反映着学校的文化传统和育人效果。

好学校首先能让学生拥有一段快乐而难忘的时光。尤其是当学生毕业离校时，是依依不舍地眷恋，还是义无反顾地逃离？是回报学校以诚意满满的小礼物，还是破坏学校公物以泄心头之愤？都验证着学校是不是在践行真教育、好教育，是不是在立德树人。

以此为参照，网上流传的一张照片颇让人感慨。照片中，一名小学生背着书包，在校门外立正敬礼。原来是有心人拍到重庆市沙坪坝区某小学一年级一名学生迟到了，来到校门前时，听到学校正在播放国歌，他立即停在原地敬队礼，直至国歌放完才跑进校园。

感人的一幕似曾相识。2017 年 5 月，在山东省淄博市某学校门口，一名学生在结束最后一门考试后，走出校门却没有离开，而是缓缓转身，向着学校深深鞠了一躬。这段视频在网络上感动了无数人。

《人民日报》刊发文章《毕业前的最后一课》，指出“让学生怀着对知识的向往而来，带着感恩和留恋离去，教育才是成功的教育，学生才是全面的学生”。

无数事例证明，达到这一育人境界的，绝不是将应试教育发挥到极致的学校，也不是那些始终过度提倡竞争的学校。也许，让学生念念不忘的好学校并不是什么名校，但这些学校的校长和教师，一定有着以学生为本的意识，按照教育规律育人。学校留在学生心里的，是一个个暖人心灵的故事。学生回报学校的，必然是无限美好的回忆。

要想让学校教育成为长久影响人心的存在，需要每位教育工作者着眼长远，聚焦学生心灵，以心育心，以情动情。值得一提的是，这种教育注定是润物无声、潜移默化的，而不是媒体所报道的那种过度煽情，如“台上激情演讲，台下哭成一片”等。

“落其实者思其树，饮其流者怀其源”。但愿更多的教师能给学生留下更多温暖的回忆，更多的教师能着眼于学生心灵的培育，在其内心埋下真善美的种子。也许，自己的学生未来谈不上有多么优秀，但如哲哲那样对学校、对教师抱以感恩之心，这样的教育就是真教育，教师的付出和辛劳就没有白费。一旦学生有了感恩之心，对学校有了爱，无论是对学校，还是对教师，回首过往时，内心都将会幸福涌动。

好学校是让大家觉得舒服的地方

2017 年 9 月，与教师行为有关的两场网络论战广受网友关注。

一场论战是开学当天，贵州省某小学的教师穿戴整齐，给入校的学生鞠躬行礼，学生也纷纷鞠躬回礼。校方称，此举是为了引导学生从小树立恭敬之心。对此，有人支持，说这是培养孩子懂礼貌的好方法，有人则质疑行礼顺序的颠倒折射出价值观的错位。

另一场论战源于武汉市某高校书记、校长带头到新生寝室打扫卫生。据介绍，该校下一步将在学生寝室推行“房东制”，学校里的所有领导和教师都将当“房东”打扫卫生，给学生做好榜样。等学生毕业时，学生要把干净的房间“还给”学校，并形成一种传统。许多网友为此点赞，但也有人不买账，认为大学是培养学生自立自强的地方，教师这么做，纯属作秀。

按理说，在相对封闭的教育场所内，教师和学生的言谈举止都会以《中小学教师职业道德规范》《小学生日常行为规范》《中学生日常行为规范》等相关文件作为参照。即使文件中没有面面俱到，只要对照文件所提倡的原则，也能基本判断行为的是与非，不至于引起如此强烈的认知反差。但是，网友们对教师的行为褒贬不一，甚至达到硝烟四起的地步，这只能说明社会各界对教师在校园内该做什么不该做什么，何为恰当的行为举止，还没有形成共识。

我给哲哲讲了这两条新闻，想听听他的看法。他想了一会儿答复我："爸爸，我觉得老师给学生鞠躬有点不合适，我们学校的老师都是跟我们摆摆手、点点头打招呼的，我们都习惯了。要是我的老师给我鞠躬，我可能会吓一跳，很尴尬。但是呢，如果这所学校的老师一直给学生鞠躬，学生也习惯了这样回礼，就没什么大不了的。我觉得呀，好的学校就是让大家都觉得舒服的地方。那个大学校长打扫新生寝室的卫生，我觉得这么做没必要，大学生应该知道自己管理好自己，就像我知道我的房间不能太乱，你不管我也会收拾一样……"

哲哲的这番分析给我不少启发。实际上，学校不只是应该让师生觉得舒服的地方，还应该是一个让人收获知识、快乐成长的场所。当前之所以屡屡出现类似前文两条新闻中的争议，很大程度上与当下价值多元的社会环境有关，与传统和现代的观念碰撞有关，与不同的教育立场有关。一方面，随着教育大环境的改变，要是教师再恪守师道尊严，以长者的权威要求学生听话，那么即便冠以为学生好的名义，也不见得会收到好的效果。山东省济南市一所职业中专曾要求男生统一留板寸发型、女生统一留齐耳短发，否则自行退学。对此，校方的解释是"学校专业多属工科，数控机床等专业实训较多，此举是出于对学生安全的考虑"。虽然学校的初衷是为学生好，但是明显有侵权的嫌疑，引来众多反对声自在情理之中。另一方面，像贵州省这所小学那样，教师视学生为上帝，把学生当成贵宾，每天给学生鞠躬，让人觉得不适，也有点矫枉过正，是滑向了另一个极端。

那么，教师如何把握自身行为的度呢？如何才能使师生之间保持和谐的关系？在学校里，师生之间什么样的行为举止才算合适？哲哲给予我的回答是："顺其自然，自己觉得舒服就好。"我的观点是，教师固然要对照相关行为规范的具体要求，但也要参照现代师生关系的内涵。这是因为，教师或学生不当行为的背后，是师生关系没有摆正，抑或师生关系被扭曲、变了味儿。师生关系就是教育的晴雨表，映照出教育的真实状况。我们若不能跳出行为本身看到更深层的原因，不从营造良好的师生关系入手，还会引出诸多是非。

理想的师生关系是相互尊重、彼此珍惜、和谐相处，是基于爱与关心基础上的携手成长、共享教育美好，是哲哲所谓的彼此“觉得舒服”。就像孔子与学生之间的交流一样，尽管其中也有批评，但学生不会觉得无地自容，而是以深受教益的心态来看待，师生所在的那个场是融洽的、自在的。师生之间虽然存在客观的长幼之别，但他们在人格上是平等的，教师不能凌驾于学生之上，强迫学生服从。反过来，要是学生凌驾于教师之上，将教师当作服务员，对教师颐指气使，那么也不是正常的教育状态。在这方面，学校管理者尤其要重视良好教育氛围的营造，多从积极的情感互动出发，多考虑师生双方的心理感受，如此也许好心办坏事的情况就会少一些。

师生关系的好坏，决定着一个群体乃至一所学校的文化氛围和精神特质。在学习方式持续变革的信息社会，师生关系有必要在吸纳更多爱与尊重的前提下，从传统走向现代，从疏离走向共生。要做到这一点儿，社会各界尤其是学生家长需要多反思、多理解，既不能对孩子不闻不问，也不能用社会上的那一套礼俗来应对教师。而教师要拿出师者的气度与胸襟，用自己的学识与人格赢得学生的爱戴，做好学生的引路人。如此，教师才能赢得社会各界更多的钦佩与赞美，学校才能成为师生都觉得舒服的地方。

第二辑

学科教学有讲究

每个学科都有好玩的历史

小学五年级下学期期末考试前一天，哲哲让我在他的数学测试卷上签字。看着分数不太高，我逗他：“是不是上课时净想着吃午饭了？”他回答我：“爸爸，我听得很认真的，就是有点听不懂，尤其是有关方程式的内容。”

关于数学方程式，我听几位同事说起过，他们的孩子也学得费劲。我想起不久前采访北京市十一学校初中部的周志英老师时，周老师坦言：“理解用字母表示的方程式，对很多学生而言有点难，因为该年级学生的思维还处于形象思维向抽象思维过渡的阶段。最好的方法是借助具体的实例来学习、理解和掌握知识，但个别教师在教学时只是将知识灌输给学生，没有实物的辅助或生动的讲解，学生自然很难一下子掌握方程式的计算方法。”

我问哲哲：“你们的数学老师是否讲过方程式的由来和应用场合？”他告诉我没有。我又问他：“那老师跟你们讲过高斯、笛卡尔、华罗庚等数学家的故事吗？”他依旧摇头。我扳过小家伙的肩膀，用存量不多的数学故事告诉他：“数学其实很好玩，看似枯燥的知识背后其实都是有诀窍的，关键是你能否找到这把化难为简的钥匙。德国有个特别厉害的人，叫高斯，人们都尊称他为‘数学王子’。他 10 岁那年，就是和你这般大的时候，一天老师留了一道思考题，题目是‘1+2+3+……+97+98+99+100= ？’老师以为学生一定会算很久，没想到高斯很快就算出了结果。原来他没有像其他同学那样把各个数从小到大相加，而是仔细观察，发现 1+100=101，2+99=101，3+98=101……50+51=101，算式中一共有 50 个 101，于是立刻算出得 5050，这让老师惊讶万分。”

哲哲听后，很佩服高斯的聪明才智，然后慨叹一声：“原来数学还有这么好玩的故事呀！”这声感慨让我意识到，如今很多教师在教学上缺少一种历史的眼光，只是从微观层面教学，没有把所教学科的特点从宏观角度展现给学生，没有让学生看到目前所学的内容位于该学科的哪个部分、哪个阶段，接下来要学的是什么，对生活有什么帮助，没有赋予学生一种高屋建瓴的格局。打个比方，教学中的一个个知识点，就像战争中的一个个战役，打赢战役固然重要，但要是学生能明白为何而战、战争的进展、当前战争所处的阶段、如何调配战争资源等，那么无疑将有助于赢取最终的胜利。

任何学科都不是凭空产生的，不是冷冰冰的知识的堆叠，而是有着诸多好玩的人与事，甚至都有堪称奇妙的发展史。教师要给学生铺陈学科的特性、研究对象、历史过程等，为当下的学科学习定位，让学生找到学习的起点和方向。记得我的化学启蒙教师上第一课时开宗明义：“化学是自然科学的一种，是一门研究物质的组成、性质、结构与变化规律的学科。化学变化与物理变化的区别，就在于是否有新物质产生。”至今我对这段话记忆犹新。

当化学老师让我们列举生活中常见的化学现象时，我的第一反应就是着火，于是我说：“木柴着火后变成了灰烬。”化学老师表扬我积极发言，并纠正说这种现象在化学中叫作“燃烧”。也因为这一回答，我当了一年的化学课代表。

在学科教学时，教师最好加入一些有趣的元素，如讲一讲该学科历史上好玩的人或事，或者让学生学会用所学的知识解答日常生活中的实际问题等，这些都有助于学生爱上这门学科。我听过数学特级教师华应龙讲的《神奇的莫比乌斯带》一课。在课堂上，他用变魔术的形式，将学生不容易理解的数学原理变得鲜活起来，学生一下子就感受到了莫比乌斯带的神奇之处，进而产生了强烈的探究欲望。课堂最后，他还讲了莫比乌斯带的由来，让学生大呼过瘾。实际上，数学学科不只有莫比乌斯带，还有其他好玩的原理或定理，教师讲一讲他们的来龙去脉或原理背后的故事，定会为教学增色不少。

美国媒介理论家尼尔·波兹曼曾建议所有新学科都作为历史课程来教学，如此，学生便能逐渐懂得，知识并非一成不变的事物，而是人类发展历史中的一个阶段，有其过去，也有其未来。也许对小学教师而言，此种要求可能过高，但我以为，真正优秀的教师会把学科的味道讲出来，赋予学生一种历史的学习眼光，让学生在课堂上能将思想延伸到学科发展的源头，发现学科与生活的生动联系，产生“我要学下去”的冲动。要想做到这一点儿，唯一的路径就是教师自身多阅读、多研究，打通自己所教学科与其他学科的连接，“任督二脉”通了，教学就游刃有余了。

好的教师能把课堂教学变成一场魔术一般的盛宴，虽然不见得每一堂课都是见证神奇的时刻，但我仍希望每个孩子都能遇到站在高处且接地气的良师。所谓“站在高处”，就是教师掌握了这门学科从小学到大学的学习方法、内容，乃至整个学科的来龙去脉、人文典故。所谓“接地气”，就是教师能深入浅出、化繁为简，把枯燥的知识变成有趣的故事、生活的帮手，一堂课下来，学生兴趣盎然、意犹未尽，不时有豁然开朗的顿悟。

当教师打开一扇知识的大门，让学生窥见学科的奥妙时，学生将不会再为不高的分数而沮丧，转而想走进知识的大门去看看里面的世界是何等模样，这样的教学才是成功的教学，这样的教师才是真正的良师。

写作文跟做饭是一样的

网络上流传着一篇文章，说当今学生有三怕：一怕文言文，二怕写作文，三怕周树人。

有意思的是，我小时候不怕写作文，反而将之视为展示自己的机会。每次语文老师留下写作文的家庭作业后，我都会左思右想小半天，然后选一个不用干农活的间隙，在家里的缝纫机上，一笔一画地写。交上作文后，我就像期盼过年一样，期盼老师能尽快批阅，期盼读一读老师的评语。如果我的作文被老师当堂朗读，那就是我那些天最快乐的事了。

我之所以喜欢写作文，是因为我有一个很好的语文启蒙教师——项老师。项老师给了我展示的空间，保护了我的写作兴趣，激发了我“胡编乱造”的潜能。这一点儿跟《我是一支爱写作的铅笔》的作者、美国童书作家山姆·斯沃普很相似：在山姆的创意写作教室里，学生不是在学习写作，而是在享受写作的快乐；他们做作业是为了发现新东西，考试是为了保持心情的愉悦。在此种理念的影响下，学生们的作文篇篇精彩，每个人都可以在全班同学面前朗读自己的文字。

真正的写作就应该是这样的。学生学习写作之初，应遵循“以我手写我心”的原则，想写什么就写什么，想怎么写就怎么写，教师不必设定太多的条条框框。等学生有了浓厚的写作兴趣及一定的写作能力后，教师才可让他们写命题的或半命题的作文。和阅读一样，要想培养学生的写作能力，兴趣培养是第一位的。对此，语文老师不妨本着呵护学生创作兴趣的原则，以做游戏的方式开展作文教学，少一些教条化的要求，多一些鼓励性的话语，少一些生搬硬套，多一些有感而发。学生的作文字数变多了，作文中有好词佳句了，写出了好玩的故事，文字充满想象力，或者文通字顺、逻辑清晰等，都是值得肯定的闪光点。等到学生爱上了写作，才可教授更多的写作技巧。

我曾问过哲哲："你觉得写作的诀窍是什么？"小家伙一歪脑袋，不假思索地说道："写作文哪，就是加油、加醋、加感情。"看我没太明白，他又具体解释了一下："写作文跟做饭是一样的，最重要的是有材料。脑子里若没有东西可写，就像做煎鸡蛋却没有鸡蛋一样，那怎么行？所以呀，首先得想好内容。而搜集材料呢，就是到市场买鸡蛋。搜集完材料，还要准备一些好词好句，类似于准备油盐酱醋什么的。把鸡蛋打入锅里，就等于打作文草稿。加上各种佐料，就是让作文变得好看一点儿。等鸡蛋熟了放入盘子里，就等于誊稿，一篇作文就这样新鲜出炉了！"

"明白了吗？老张同学！"说完，哲哲拍拍我的头，满脸坏笑。虽然我感觉有点被冒犯，但是他讲得入情入理、生动有趣，我只好忍气吞声。实际上，自从他读小学三年级开始写作文后，我就发现写作对他而言并不是什么难题，而且他的文章中总有好玩的内容出现，让我惊叹他对文字有着天生的感悟力。

哲哲曾模仿萧红的《火烧云》写下这样一段文字："忽然，天空中出现了一条小鱼，后面又来了一只鳄鱼，它好像要吃掉小鱼呢！过了一会儿，小鱼不见了，等人们寻找小鱼的时候，鳄鱼也不见了。接着，又来了一架飞机，它就像真的一样，那么美丽、精致，可是一转眼它就不见了，被一艘轮船代替……"这些句子充满了动态的画面感，洋溢着一种少见的童趣，让我几乎挑不出什么语病。我的很多看过此文的朋友都纷纷点赞，夸哲哲是个写作天才，我倒一厢情愿地认为，这是他从小阅读大量经典绘本和优秀儿童文学作品的缘故。正如儿童文学理论家彭懿所言，绘本让孩子认识了大量的汉字，脑子里存了很多好玩的故事，并摸到叙事、写作的方法与窍门。绘本能打开孩子的想象力，塑造孩子对美的感知力，让孩子对线条、色彩、人物、故事等都有着较高的艺术感受力和鉴赏力。

我采访阅读推广人方素珍时，她告诉我，绘本是最好的写作素材，爱看绘本的孩子写作不会差。我很认同这种看法，希望经典绘本能走进更多的中小学课堂，希望教师能将绘本引入课堂，点燃学生的写作热情。教师多读绘本和儿童文学作品，懂得绘本文与图之间的关系，好故事的建构方法，作者与故事之间的联系，乃至色彩与图画的技法等，势必会让语文课干货满满。在语文课、阅读课甚至班会课上，教师多将绘本和其他门类的童书引入教学，或者将其作为与学生共同探讨的话题，都可以帮助学生打开想象之门，并激发出学生更大的创作热情。

在这方面，美国专栏作家谢尔·希尔弗斯坦就做了很好的榜样。她的《阁楼上的光》中的120多首小诗，唤起许多人的童年记忆。著有《金银岛》的苏格兰诗人、小说家、游记作家罗伯特·路易斯·史蒂文森也是一位充满童趣的写作高手，他天马行空的想象为我们指出了一条写作之路：影响写作的往往不是知识储备、材料积累，抑或谋篇布局的能力，而是想象力，只要敢想，就能写出梦幻般的文字。

想象力是写作最好的润滑剂。若教师给予学生想象空间，用多元的标准看待学生文字背后天马行空的遐想，与众不同的美便会不经意间从学生的文字中呈现出来。好的文字都是发乎情、连乎心的，人在放松状态下写的每一个文字，都活蹦乱跳、直抵人心，散发出耀眼的光芒，会让我们泪流满面。

有一天，我偶然看到哲哲写的作文《写给爸爸的信》：

亲爱的爸爸：

您好！

您每天都放下手中的活，认认真真地阅读我的作文。您陪我快快乐乐地玩，全心全意地给我讲故事。我的考试成绩差，您也不批评我，让我过着无忧无虑、幸福快乐的生活。您还记得吗？有一天，您的同事叫您到一家餐厅吃饭，可您却没有马上就走，而是把剩下的故事书读完才走。从这一举动看出，您是多么多么爱我呀！我真心地向您表示感谢！

祝您幸福快乐，工作顺利！

您的儿子：哲哲

2013年12月8日

感动之余，我发现，作文如同做人，好文章源于真实的生活、真挚的情感。教师与学生诚挚的互动、贴心的交流，哪怕教师的一句鼓励的话，都能掀起学生心中的波澜。或许某一天，这些点滴就会化作一篇篇作文，呈现在教师面前。

唐诗难道是用来考试的？

哲哲刚读初一时，我去哲哲所在的班级讲唐诗。

关于唐诗，我充其量是个爱好者，远谈不上有什么深入研究，之所以敢去“误人子弟”，是因为想给孩子们一种方向性的引领，而这种引领其实与哲哲有关。

一天晚上，哲哲从他的房间里出来，问我：“爸爸，‘轻罗小扇扑流萤’的前一句是什么来着？”“是‘银烛秋光冷画屏’啊，怎么了？”“你挺牛呀，没什么，我写语文作业去了。”过了一会儿，他又出来问我：“爸爸，李商隐的代表作都有哪些呀？”“很多，像《锦瑟》《无题》《夜雨寄北》《嫦娥》，他对情感的描写很细腻，像‘此情可待成追忆，只是当时已惘然’‘相见时难别亦难，东风无力百花残’‘何当共剪西窗烛，却话巴山夜雨时’，都是家喻户晓的名句……”

我还想多介绍一下李商隐作为晚唐的著名诗人，其作品与当时的社会环境和他的个人经历有关，却被哲哲打断了：“不用讲了，告诉我诗名就够了。”“为什么？李商隐是很有研究价值的诗人，你不想听吗？”“我当然想听，但作业还没写完，有时间再说，眼下我要把这张卷子搞定，要不就要挨老师批评了……”“那你的语文老师给你讲过李商隐的诗和人生经历吗？”“没有讲。”“一点儿也没有讲？”“呃，只讲了一点点吧……”

跟哲哲交流后，我发现，初中语文教材中有不少古诗，教师为了提高课堂教学效率，且让学生能更好地应对考试，往往只是大致介绍诗的含义，很少讲述诗的创作背景和诗人的生平故事。于是，我用了一个晚上，给哲哲大致讲述了唐诗的发展脉络：唐诗公认始于王绩的《野望》，过渡到“初唐四杰”，接着是盛唐以孟浩然、王维为代表的山水田园诗人，以岑参、高适、王昌龄为代表的边塞诗人，以李白为代表的浪漫主义诗人，以杜甫为代表的现实主义诗人，再到中唐以孟郊、贾岛为代表的苦吟派，以元稹、白居易为代表的记录民风派，以李贺为代表的魔幻派，最后到晚唐以李商隐、杜牧为代表的抒情派，以聂夷中、杜荀鹤为代表的比较关注民间疾苦的写实派。

“你知道吗？唐朝诗人往往是以结对而闻名的，像初唐的‘沈宋’（沈佺期、宋之问），盛唐的‘李杜’（李白、杜甫）、‘郊寒岛瘦’（孟郊、贾岛），中唐的‘元白诗派’（元稹、白居易），晚唐的‘小李杜’（李商隐、杜牧），都是两两出现的，比较好记。”看哲哲感兴趣，我就好为人师地讲了一点儿我知道的小知识，也没有验证说得是否到位、准确，不过小家伙很喜欢听，还对我说：“要是我们老师也这样给我们讲那该多好！我觉得呀，讲唐诗就应该多讲讲作者的故事，而不是单单用来应付考试。爸爸，我觉得你讲得不错，要不到我们班讲讲唐诗吧……”

半个月之后，我跟哲哲的班主任沟通，于是我有机会到他们班里讲唐诗。我从诗人王维切入，结合王维的生平、不同阶段创作的诗及其意境、王维的朋友圈等，讲了一节课。上课时，我能感觉到孩子们对唐诗的理解更多的是背诵，也许他们对“处处闻啼鸟”的下一句了如指掌，但对诗的作者是谁，在什么情况下写的这首诗，作者的诗歌都有什么特点等，却知之甚少。再比如，我让他们讲讲李白的崇拜对象——孟浩然与王维的关系，他们也不知道，其实二者的关系都写在一首首家喻户晓的诗里。我讲到有关唐朝历史、诗人的人生经历、诗人的朋友圈等时，学生们的兴致变得高涨，看来不以应对考试为目的的唐诗课让他们感到很亲切。

讲完课，我跟哲哲交流感想。他告诉我，课堂上跟我抬杠的那个男孩叫小吕，爱插话的那个调皮小子叫小周，他还特意表扬了我："爸爸，你的课上得不错，我觉得唐诗就应该像你这样讲，挺好玩的。"坦率地说，我上学时学习唐诗也是用死记硬背的方法，教师讲解唐诗根本没有跟作者的成长经历结合起来，更别说抓住作者的性格特点、生平经历，结合唐诗的几大流派，梳理出唐诗发展的基本脉络了。所以，我脑海里的那些唐诗都是孤立的、沉默的、没有生命的。而当我换一种方式，把唐诗与诗人、诗人与诗人、诗人与时代对接时，诗歌便像一个个老朋友一样"活过来"，不再面目僵硬。此时，我不仅能品味出诗中蕴藏的人生智慧、世事常情，也能破解不少彼世彼时的历史、文化、民俗、情感等密码。

所以，我期待语文老师在讲授唐诗前，最好对初唐、盛唐、中唐、晚唐不同阶段的代表诗人及其代表作、所属流派，诗人的人生经历，诗人之间的关系以及相互影响等有大致的了解。这些知识我们可以从王晓磊的《六神磊磊读唐诗》、夏昆的《给孩子读唐诗》《在唐诗里孤独漫步》、王芳的《最好的方法读唐诗》、鞠菟的《唐诗为镜照汗青》、李晓润的《银鞍白马度春风：回到唐诗现场》，以及叶嘉莹的《唐宋词十七讲》中获取。读完了这些书，我们就可以大致建构唐诗的宏观脉络。考查学生学习唐诗的情况，背诵环节固然必不可少，但最好不要仅以背诵的数量或填写上下句为主，因为这和肢解古典文学名著没有什么本质区别。

教语文需要丰厚的文学素养，讲授唐诗很见教师的功夫。要想提高对唐诗的文本解读能力，让古诗文课上得有趣、好玩、知识含量高，教师不能只看几本理论书，主要还得靠自己实践，正如刘勰所谓的“操千曲而后晓声，观千剑而后识器”，也应该像文学家茅盾所提出的“应当一边读，一边回想他所经验的相似的人生，或者一边读，一边到现实的活人中去看”。毕竟，包括唐诗在内的文学作品，都是现实生活的反映。如果教师把作品还原到现实生活中去思考，让学生有更多的代入感，学生就会对唐诗有比较深的感悟，而原本高高在上的诗人们便会走下神坛，对学生娓娓道来各种家长里短以及内心的酸甜苦辣。

记得有次莫言在听完叶嘉莹讲唐诗后，感慨地说：“叶先生，听你讲课，好像你不是在用脑子讲，而是在用腮帮子讲，很多唐诗宋词你不是用脑子记住的，而是用腮帮子上的肌肉记住的。”我以为，叶嘉莹之所以能做到这一点儿，是因为诗词融入了她的生活。就像《中国诗词大会》第二季总冠军、才女武亦姝一样，她的生活里也处处是诗，她信手拈来皆语出惊人。如果教师达到了生活中处处是诗的境界，就不愁学生不读唐诗，也不愁我们的教育中没有诗的味道了。

唐诗是文字的精华，是我国宝贵的文化遗产，博大精深，很有嚼头。教学时，教师从读诗到读史，从读史到读人，从读人到读己，也许才算找到讲唐诗的门道。

学英语还得多读、多说才行

2017 年 9 月，哲哲上了初中，他英语学习的软肋暴露出来。

初一上学期期中考试，哲哲的英语成绩不到 80 分。分析他的试卷后，我发现主要是阅读理解题扣分比较多。我问他是看不懂原文还是不明白问题的要求，他告诉我主要是看不懂原文。

于是，从 2017 年 12 月开始，我每天给他读一段英语故事，阅读素材不限，有的是《典范英语》教材，有的是中英文对照的桥梁书，有的是英文原版故事集。由于周一到周五作业量比较大，每天读半小时；周末时间较为充裕，尽量一次读完一册。

读的过程中，基本是我读英文，请哲哲翻译成中文；遇到哲哲不懂的单词，我就让他记在本子上，并告诉他单词的含义。积累了一段时间后，哲哲的单词量就上来了。由于阅读文本有点类似于读短篇小说，随着阅读的不断深入，哲哲学英语的兴趣渐浓，读起来越来越顺畅，我明显感觉到他的英语阅读理解能力在慢慢提升。

等到初一上学期期末模拟考试时，哲哲告诉我，他的英语考了 85 分，英语老师夸奖他进步比较大。他还告诉我，在考 80 分以上的同学中，只有他没有上英语课外班。我问他分数提高的原因，他说："阅读理解的短文，我现在基本能看明白了。爸爸，我觉得呀，学英语除了要多听，还要多读、多说。读得多了，说得多了，就像我的语文一样，成绩自然就好了。""嗯，那你发现读什么样的文章对学习英语帮助最大呢?”“当然是故事了，不管是大孩子还是小孩子，都喜欢故事。要读就读好玩的故事，‘迪士尼’系列就挺有意思，今晚咱们接着读吧……”

哲哲的话让我想起自己学英语的经历。从读初中时开始接触英语到读大学时系统学习英语，我的英语老师在教学时基本都是从单词到句子再到段落。他们一般没有阅读英文原版作品的习惯，更没有听读结合的意识，以至于如今我的词汇量比较大，阅读能力还算可以，但基本不会说英语，脑海中的英文故事更是存量极少，只记得“long long ago,there was a war between the birds and the beasts. No one knows what they fought about (很久很久以前，一群鸟和一群野兽发生一场战争。没有人知道它们为什么战斗)……”。现在回头看，我这种枯燥的、机械的英语学习方法，已经落伍于时代，或者说违背了英语学习规律。

英语到底应该怎么学?从当下的英语课堂来看，这个问题依然需要细细梳理。我认为，教师应重新拾起原典阅读的方法，让故事贯穿英语学习的始终。英语老师固然要让学生背诵单词，但不应让学生孤立地死记硬背，而应通过英语原文阅读将单词置于一定的情境或语境之下，让单词变成好玩的故事。

从哲哲身上我明显感觉到，在阅读中学英语更容易让英语基础知识沉淀在学生的内心，对学生的成长更有帮助。阅读简单的英语原著，会减少翻译的二手传播，学生能直接品味英语的味道，既开阔了眼界，学到了新知识，又增强了语感，对英语母语国家的表达方式有更深入的体悟。

在学校里，阅读不必局限于语文学科，英语、数学、科学，乃至美术、音乐等都可以与阅读结合起来。阅读故事可以激发孩子的学习动力，他们在欣赏故事的同时，学科阅读体系也会慢慢建立起来。我国英语教学专家何其莘教授指出，坚持大量阅读是提高学生英语能力最有效的途径之一。学习英语，首先要选好难易程度适中的原文书籍，一般以每页（大 32 开）不超过八个生词为宜。其次要注意阅读方法，要像读中文小说那样快速浏览，不默读，不查字典，更不通过翻译来理解原文的意思。遇见不认识的单词，要根据上下文来推测。最后要坚持天天阅读，而且要给自己规定每天必须完成的阅读任务。只要坚持下去，几个月、半年之后，肯定会看到成效。

对何其莘教授的方法，我深以为然，也坚定了带哲哲在阅读中学英语的信心，抽空就带哲哲读一读英文原版绘本。例如，长江少年儿童出版社出版的《天鹅》，讲的是俄罗斯芭蕾舞女皇安娜·巴普洛娃的舞蹈与人生。本书将安娜的勇气和智慧，将她对艺术及梦想的追求传递给了每个仍在为实现梦想而努力的人。作者劳雷尔·斯奈德以时间为序，记录了安娜生命中的每一个重要时刻。读者在阅读的过程中，安娜的成长如同电影画面渐次呈现。绘者茱莉·莫斯塔德画得也很讲究，每一幅画都好像是安娜与读者最长情的对白，传递出“追求梦想与实现自我价值”的主题。

我相信，读完这个故事，学生的英文阅读、文学鉴赏能力和对舞蹈的兴趣，都会在无形中受到影响。我一直觉得，阅读这类经典绘本对学生而言就是一次很好的德育，远胜各种干巴巴的说教。既然每位教师都有德育的责任，那么借助故事来开展德育，也应该成为一种共识。换言之，阅读英文原著一举多得，教师应拿出时间，有意识地引导学生读一读有趣的、有益的、有用的英文原著。小学生可以阅读中英文对照版本的图书，如“关键词”系列、“贝贝熊”双语版、“小猪佩奇”系列等；中学生可以读一读“典范英语”系列、“新概念”英语、

“亚瑟小子”双语版，乃至英文版的“哈利·波特”系列等。

2018 年 2 月，哲哲迎来初中的第一个寒假，他自己带着英文版的《夏洛的网》回老家看。我鼓励他先不用管个别不懂的单词或句子，只要读一遍，理解大概意思就好。慢慢地，他开始愿意拿起一本英文原版书，和读中文版的童书一样，享受阅读的乐趣。

如今，全球化时代已经到来，孩子们未来不可避免地会频繁地与其他国家的同龄人接触、交流，英语阅读应该与汉语阅读并驾齐驱，成为孩子们的一种日常生活。对英语学习来说，大量阅读的原则同样适用，且效果颇佳，不信你也可以试一试。

生命教育是很重要的一课

哲哲读小学一年级时，一次我辅导他做语文作业，最后一道题是看图写话：左边是“很____很____的____”句式，右边有高山、河水、蓝天的图片，例句是“很蓝很蓝的天”。

小家伙写得很快，没一会儿就填上了“很长很长的小河、很白很白的云、很大很大的月”。最后一道附加题，他写的短句是“很美很美的家”。看到这个短句，我的心里升起一股暖意。对孩子来说，最重要的莫过于拥有一个完整而幸福的家，而心中有着满满幸福的孩子，自然会对生命怀有深深的眷恋。

我之所以有这样的感慨，是因为2015年3月以来，媒体报道了一连串中小学生乃至大学生自杀事件。

2015年3月30号，杭州市某小区，一名11岁的女孩从7楼跳下。

2015年4月7日，某大学宿舍楼，一个男生从8楼的厕所跳下。

2015年4月9日，浙江省舟山市某小学，一名五年级小学生突然从4楼飞跃而下，原因是教师把他跟学习较差的几个学生分在一起开展活动，其中一个同学他很不喜欢，他与教师发生了争执。

2015年4月14日，四川省广安市19岁高三学生小甘因成绩下滑，压力大想自杀。因担心一个人走得太孤单，他准备拉上一个同学“一起上路”，结果一个同学被他刺伤。

…………

看完这些报道，我总在想，是什么让这些衣食无忧的孩子看不到生命的光彩？是什么使得他们如此草率地赴死？又是什么让他们经受不住小小的挫折？是家庭的错？还是学校的错？抑或家庭和学校都有错？假如说是学校之错，那么学校错在哪里？假如说非学校之错，那么学校教育能否成为拯救或缓解的一种途径，成为遏止孩子产生决绝之念的那根救命稻草呢？

以前，我一直以为死亡的话题不适合尚且年幼的哲哲，生命教育离他很遥远，他不能理解也看不懂相关图书，于是我买的《獾的礼物》《外公》《跳舞》《小鲁的池塘》《爷爷的红脸颊》《爸爸的围巾》等，都摆在书架的顶层。没想到的是，有一天，我和哲哲聊起佐野洋子的《活了一百万次的猫》，哲哲说："我看过这本书，觉得好玩就看了看，没想到还不错。"复述细节时，他说得很准确："一只虎斑猫可以多次复活，后来它爱上了一只白猫，它们生了一堆小猫。白猫死后，虎斑猫决定不再复活了。"我追问哲哲："那你说为什么虎斑猫不想再活一次了呢？"他歪歪头，不假思索地说："可能是它觉得这样的生活就很美好吧，再活一次也没有和白猫在一起好吧。"

哲哲的话依稀透露出生命的某种真谛——活着是为了追求美好，是为了和相爱的人在一起，生命的意义在于爱别人与被别人爱。后来，我装作不经意地问他："你在学校里，例如在主题班会或者阅读课上，听过这样的故事吗？和同学交流过这方面的内容吗？"小家伙摇摇头，转而喃喃道："其实，学校里讲讲这些挺好的，我们班的小虎就应该多听听这个，他没有同情心，老是伤害小昆虫，太残忍，我都看不下去了……""嗯，我觉得，老师给你们上生命教育课，不只是让你们保护昆虫，爱护大自然，还是让你们爱惜自己，你说是吧？”“爸爸，你说得挺对，我们是不能没有爱心的。”

生命，因爱而来，也因爱而美。心中涌动着爱、胸中荡漾着激情的孩子，会更加珍爱生命，发自内心地拥抱生命，进而明白生命的意义。哲哲的话让我感觉到，孩子虽小，但不是对生命没有认识，而是有着自己独特的看法。生命教育课的目的，不仅在于指导学生正确看待生命、敬畏生命，与大自然和谐相处，还在于帮助学生更好地经营自己的生活。正如《孩子，我们来谈谈生命》一书的作者何怀宏所言：“一个人在他漫长的一生中，可能会有很多种身份，但最长久和最重要的是：在这世界上好好做一个人。”

有的人活了一辈子也没有思考过活着是为了什么，有的人终其一生都在追寻活着的意义。而是否叩问过生命的意义，人生的状态会不同。很多时候，教育特别是学校教育，应该引导学生正确认识生活的意义、生命的价值，起到调整学生情绪状态、健全学生人格的作用。父母也好，教师也好，都要引导孩子树立科学的生命观，学会珍爱生命、敬畏生命。生命是一个人的根基，生命教育是教育最先导、最基础、最不能缺少的一门课。教师备好了生命教育课，将这堂课讲得精彩，讲出了味道，会让学生终身受益。

生命教育的一层含义是引导学生珍爱生命，让学生感受到生命之美、生活之乐。教育不能剥夺学生体验大千世界的机会，倘若学生整天被没完没了的作业所束缚，整天要听着教师的唠叨，没有一点儿自主的时间和空间，那么所谓的热爱生活便成了一句空话。生命教育的另一层含义是引导学生正确看待挫折，排遣负面情绪。对学生来说，学校能给他们的最好礼物，就是培养他们面对挫折时的正确态度。教师应借助各种各样的主题活动，引导学生怀有一颗仁爱之心，积极面对成长中的挫折。

2015年初冬，北京的雾霾比较严重，天空几乎每天都是灰蒙蒙的。我骑自行车送哲哲去学校，我们一路上戴着口罩，感叹不知何时雾霾天才能结束。这时，小家伙在我的身后唠叨："爸爸，你说，雾霾天咱们可以戴口罩，但小动物呢？它们没有口罩戴，会不会咳嗽生病啊？它们若生病了，不像我们可以去医院找医生，它们该怎么办呢？难道只能等死吗？……"排山倒海般的提问，让我难以招架，但哲哲善良的内心和他对生命的体恤、对自然的关注，让我备感欣慰。

我们是通过一件件小事引导学生热爱生活、珍爱生命的。如果教师关注学生心灵的成长，让学生与万物相连，对生命寄予厚爱，对明天充满憧憬，他就是在做一件功德无量的好事。在学校的课程表里，可以少一节语文课、数学课、英语课，但唯独不能缺少生命教育课。只有上好这一课，才会有更多的孩子像哲哲那样，对生命心存悲悯。

看来媒介课真的很有用

读小学三年级时，哲哲开始喜欢在电脑上玩网络游戏。每到周末，《植物大战僵尸》《愤怒的小鸟》《我的世界》等网络游戏，小家伙都会玩一会儿。但他不像有的孩子沉迷其中不能自拔，每次都能遵守我们的时间约定。

我问哲哲为什么这么喜欢玩游戏，他回答说同学们都在玩，如果他不玩就和同学没话题聊。我又问他学校的信息技术课有没有教他们怎么看待网络游戏以及玩网络游戏的规矩、注意事项，他告诉我没有。“爸爸，我们的信息技术课主要是讲怎么开机、关机、上网、打字等，没有关于手机、网络游戏的内容。”“那你觉得老师应不应该教你们怎么控制上网时间、遇到不良信息怎么办、哪些网络游戏可以玩哪些不该玩之类的知识？”“我也不知道。你说的不良信息是像贞子病毒那样吓人的内容吗？”“算是吧！”“若遇到这样的事，我会把电脑的电源拔掉。”说完，小家伙哈哈一笑。

据媒体报道，我国的网民规模逐年扩大，上升速度非常快。截至 2017 年 6 月，网民总数已经达到 7.51 亿，其中青少年网民已达到 2.77 亿。青少年网民数已经超过网民总数的 1/3，这意味着青少年网民的网络安全意识影响重大，其驾驭互联网的能力反映出我国网民的基本素养，代表着我国未来网民的创造力。其实，伴随着信息技术的发展和电子设备的普及，我国网民不仅数量持续增长，而且越来越呈现低龄化的趋势。中国互联网信息中心发布的统计报告显示，截至2016年底，我国年龄低于10岁的网民数超过1800万。有机构发布的报告显示，城市儿童触网率近95%，56%的儿童初次上网年龄低于5岁。

因此，不只是网络安全需要我们加以重视，与互联网有关的信息传播规范、网络礼仪等也需要学校和相关社会机构不断跟进。同时，除了青少年需要媒介教育，儿童乃至幼儿也需要这方面的正确引导。在欧美发达国家，许多幼儿园已经开始有意识地渗透媒介教育。例如，让幼儿明白不能告诉别人网络密码，要在父母的指导下上网等。

美国人类学家玛格丽特·米德在《文化与承诺》中将时代划分为“前喻文化时代、并喻文化时代、后喻文化时代”。在她看来，互联网时代就属于典型的“后喻文化时代”，即青少年因为对新观念、新技术的快速接受而在许多方面胜过他们的长辈，长辈们在新科技方面反而要向青少年学习。但是，青少年能熟练使用电子媒介，并不等于他们天然具有科学、理性的媒介认知，不等于他们有较高的媒介素养；青少年接受新事物的能力强并不代表他们不需要媒介教育。如果不建立科学的媒介教育体系，任由青少年自己摸索、自由使用各种电子媒介，就可能带来诸如网络造谣传谣、网络欺凌、网络骂战等令人忧心的乱象。因此，学校要及时补上媒介素养这一课，及早为学生做好媒介基础知识的铺垫。

当下的青少年比以往任何时候都更需要拥有媒介素养，更需要具有批判思考、借助多种媒介自主学习的能力。在信息爆炸的时代，青少年要有能力区分哪些是谬误哪些是真理，哪些是搞笑哪些是违规，而这需要借助成体系、有特色的媒介教育。

说到底，媒介教育是为学生提供一个庇护所，它超越传统的信息技术课，在定位上不是仅仅让学生学习设置密码、打字上网、下载视频、安装软件等技能，而是将之作为跟听说读写一样重要的基本素养来看待；在具体的教学过程中，教师要看到各种媒介的技术特征和传播特点，让学生意识到媒介环境的复杂性、媒介信息背后的多元利益主体，不断反思个人与媒介之间的关系，时刻体察自己在媒介产业链中的位置。

从国外的经验来看，推动媒介教育离不开自上而下地立法推动，同时需要民间组织以及学者、志愿者自下而上地积极参与，要有制度、资金、人力等方面的保障，并以标准化、制度化的方式固定下来。因此，包括网络安全在内的媒介教育要想真正走进课堂，把理念转化为行动，还有很多工作要做。举例来说，媒介教育教材如何研发，相关师资培训及资金如何保障，课时如何保证，等等，都是亟待解决的问题。

更重要的是，教师需要转变观念，即重视媒介教育对学生的深远影响，将其放在培养合格公民、发展终身教育的高度。新的媒介环境、媒介生态已经形成，教师需要站在培育时代新人的角度，将媒介素养教育融入学校教育中。

在哲哲升入小学四年级的那个暑假，我将家里的电子设备都拿出来，给他大致讲了各自的特点、如何使用、在使用过程中会遇到哪些问题、怎样在网上传播信息以及遇到不良信息时该如何应对等内容，小家伙比较满意。以前他偶尔会躲着我玩游戏，从那以后他愿意和我分享上网和玩游戏时发现的问题了。

媒介教育要早点儿开始

三年级下学期时，一天放学后，哲哲告诉我，他们班上了一节“平板课”。我一问才知道，原来上的是语文课，但与平常不同的是，课前教师发给每个学生一台平板电脑。课堂上，师生借助平板电脑来完成各个知识点的学习：教师通过信息平台发布教学要求，学生在平板电脑上做题、检验，教师通过数据统计来查看学生答题的正确率。

我问哲哲对这节课的感受，他告诉我：“爸爸，我觉得挺新鲜的，确实比干坐着听老师讲课好玩多了，就是有的同学不太会使用平板电脑，小组合作的时候拖后腿。国庆同学课堂上还溜号来着，他偷偷告诉我这台电脑还可以上网……”“那你上课时上网了吗？”“没有。”“整堂课下来，感觉如何？”“还行吧，要是老师能让我们把电脑带回家就好了。”“回家用平板电脑玩游戏吗？”“不是，我是想好好研究平板电脑，看看它还有什么其他功能，怎么用更好。你怎么老是觉得我用电脑就只会玩游戏呢？”被哲哲诘问，我只好老实承认错误。

近些年，平板电脑进课堂、信息技术“武装”教学等现象，在我国中小学越来越普遍，各种慕课、翻转课堂等在一些学校已经成为教学常态。但一个不容忽视的问题是，少数学校将媒介教育窄化为应试的辅助工具，就像我们在一些课堂上见到的，教师利用眼花缭乱的电子课件上课，或者利用大数据来统计学生的分数、错误率等。课堂看似热闹，信息技术看似融入了教学，其实学生的媒介素养并没有真正提升。有些学校宣称每个学生都会使用平板电脑等媒介设备上课，以为这样就是实现了信息技术与课堂教学的整合，提升了学生的媒介素养。果真如此吗？我的看法不是这样的。如果让新技术进课堂仅仅出于维持教学秩序、满足知识灌输或学业竞争需求、使教学过程看上去高大上的目的，抑或借助电子设备提高学生的学习成绩，都不是真正的信息技术与课堂教学融合，更不是真正的媒介教育，充其量只是教学的技术化或电子化，依旧是穿新鞋走老路。

电子教材、电子书包也好，多媒体课件、电子白板也好，其以数字化、交互化、多媒体化的形式，将教学内容以直观的视频、音频、图形、文本等形式呈现出来，对学生的知识学习有帮助，但没有改变传统的灌输式学习方式，没有真正提升学生对各种媒介的认知、运用能力，对信息的判断、解读能力，更没有涉及引导学生遵守媒介伦理和媒介法律法规。由于学生缺少动手参与的过程，缺少宏观架构的视角，电子媒介也没有在学生学习过程中扮演应有的角色，更没有改变学生的学习习惯。因此，新技术包装下的媒介教育，看似很像那么回事，其实离媒介教育的本质尚远。

真正的媒介教育，站位要高，立意要远，在教学目标上瞄准教育与信息时代的有效呼应，着眼于中小学生的未来发展，引导学生从了解媒介技术、媒介运用、媒介组织，上升到了解媒介与学习的关系、媒介与教育的关系、媒介与受众的关系，进而让学生懂得媒介伦理，遵守媒介礼仪，帮助学生善用各种新技术、新媒介，为学习、生活、娱乐等服务，最终处理好媒介与自我的关系。

媒介教育的教学场景不应局限于课堂，教师可以在课下将媒介教育向家庭延伸，有意识地将信息技术与学生的生活有机结合，在帮助学生正确看待和使用信息技术的同时，引导其学会利用互联网上的优质教育资源，向自主学习、终身学习的方向努力。

因此，教师要跳出只围绕考试来教学的教育思维，不要只出于让学生获得资格证书或者让学生考上理想大学的狭隘目的来教学。教师要摆脱电子媒介技术进课堂的形式束缚，更多地着力于引导学生借助电子媒介开阔视野，提升学习能力，乃至以恰当的方式参与社会公共事务，为成为未来合格的社会公民做准备。

2017 年，广东省儿童网民网络素养状况研究课题组调查显示，儿童“触网”的年龄越来越小，超过 23% 的学龄前儿童每天上网 30 分钟以上。在 7 岁组，24.2% 的儿童研究过网游攻略，61.0% 的儿童曾自主下载游戏、视频和音乐，8.5% 的儿童有网购行为，14.4% 的儿童在网络上发布过图片、视频或文字，甚至有 4.7% 的儿童表示拥有粉丝。部分孩子 3 岁便开始使用 QQ 和微信。

这个调查结果中的数据促人思考。媒介素养是信息社会公民必须具有的核心素养，媒介素养教育不能再纸上谈兵。严峻的现实要求中小学校应该尽快建构完善的媒介教育体系，对信息技术课程进行全面升级改造。教师应从改变理念入手，从完善课程体系入手，把提升学生的媒介能力作为一项重要的教育内容，借助电子媒介帮助学生提升自主学习能力，引导学生思考并解答一些基本问题，如自己要成为什么样的人，在信息环境下人类该如何生活，人类如何与自然相处等。

当学生能正确看待电子媒介，有能力利用电子媒介解决与自己、与未来息息相关的问题时，媒介教育才算真正进入正轨。

法治课不能少

2018 年 6 月，网络上突然出现一些与教师有关的暴力事件，看着令人心痛。

据媒体报道，出于对教师教学的不满，安徽省五河县一名王姓学生家长进入学校，对教师进行言语威胁并殴打。记者从当地了解到，该学生家长因此被行政拘留 10 日。《成都商报》也报道了类似事件：因为管教了上课玩手机、在校谈恋爱的违纪学生，四川省资阳市某中学一位班主任被学生家长带来的人暴打。随后，两名打人者被警方给予行政拘留 15 日、各罚款 1000 元的处罚。

吃晚饭时，我和哲哲聊起这个话题，并问他的看法。想了一会儿，他说道："爸爸，先说第二则新闻吧。老师看到学生玩手机，我觉得应该先通知家长，告诉家长自己是怎么处理的以及这样处理的理由。要是老师摔坏学生手机，那就不对了，应该赔偿。第一则新闻中，家长打老师肯定是不对的，应该被警察抓起来。不管是在学校里，还是在学校外，每个人都要遵守法律。""如果校长息事宁人，只是批评学生家长，你又怎么看呢？老师该如何维权呢？""这事本来就不应该息事宁人，怎么能让老师白白挨打呢？教委、教育局都应该保护老师。只有依照法律管理，学校才不会乱……"哲哲说这一席话时，俨然一个小律师，法治精神的范儿十足。

在我看来，教师被家长暴力殴打，不只有损涉事教师的尊严，也让教育本身颜面无光。当师道尊严被无视时，当家校关系变得如此不堪时，每个人都应该从源头上反思：家校之间为何到了动辄挥拳相向的地步？遇到问题时家校之间为何不能好好沟通？理性的家校交流路径为何不见？比起单纯呼吁惩治施暴者，重新看待家校合作的重要性，以及通过某些途径完善家校沟通制度，理顺各教育主体的关系，显然更有意义。

时代发展到今天，教育环境发生了巨大变化，教育管理的难度持续增大，学校不再是封闭的自成一统的象牙塔：一方面，信息技术为教育发展提速，家校沟通变得无比迅捷，任何一件小事都可能被无限放大，教师在日常教育教学活动中需要更加谨慎，力求一言一行都在法律法规的框架内；另一方面，个别中小学教师的管理理念没有及时更新，以我为主、以不变应万变的痕迹仍然浓重。目前家长对孩子的期待越来越高，对优质教育的诉求越来越多，自身权利意识日益凸显，因此教师与家长的沟通能力变得越来越重要，教师急需提高自身的法治意识。学校应在制定家校沟通制度上下功夫，包括宏观制度框架及微观交流细则，尽快以法治精神为家校联结立规明矩，为教师解除后顾之忧。例如，微信群里的交流原则，遇到家校矛盾后的常规解决路径，当家长扰乱教学秩序乃至威胁教师人身安全时的应对策略等，学校都需要在制度上予以明确。

让教师拥有安心从教的环境，让教育朝着优质均衡的方向发展，让尊师重教蔚然成风，这些都离不开国家层面给予重视，更离不开法制的保障。大到教育法律的出台、教学改革的推进，小到教育惩戒的尺度、家校沟通的方式等，都需要以法律法规的形式一一清晰界定，给教师尤其是新教师清晰的指导。社会各界也应达成共识：制定完善的法律法规、明晰的制度条款、细致的条文规定，才能最大限度地保护师生权益，维护正常的教育教学秩序，营造良好的教育生态。

理想的教育是学校、教师、家长站在一起，各尽所能。帮助形成这种合力的，除了情感因素，还有法治精神。换言之，爱、信任、奉献、坚守等情感力量就像一个人的血肉，而法治精神则像融在血肉之中的骨骼。两者有效结合，教师才能挺起腰杆，教学秩序才能得到保证，学生才能更好地健康成长。

值得一提的是，当前我国有关教育、教师的法律，如《义务教育法》《教育法》《未成年人保护法》《教师法》《体育法》《职业教育法》《民办教育促进法》等，虽然覆盖了各个教育门类，但在具体操作上尚难以有效应对日益变化的社会环境和新的教育形式。从国家到地方，都需要不断完善教育法律法规，尤其是跟学校和教师切身利益相关的内容，更要慎之又慎、细之又细。

为了在学生心中注入遵纪守法的意识，教师不妨从和学生一起制定班规入手，让学生在完善班规、了解学生守则、学习教育法律法规等的过程中，帮助学生增强法治意识，条件允许的时候还可以开设法治课，而这既是做好班级管理的关键，也是为师生未来的发展蓄力。

各科的书都该多读点儿

初一上学期期中考试结束后，哲哲的成绩在班级属于中等偏上，问他哪一科成绩比较好，他告诉我都还行，最好的是政治和生物。

我逗小家伙："政治好是因为你觉悟高，比较爱国吗?""不是的，爸爸，政治就是考背诵的，大家成绩都不错。生物就不一样了，好几个同学不及格，我呢，考了80多分，算是比较高的。""是不是你们班比较渣，集体陷落呀?""当然不是，只是他们不太喜欢看生物方面的书籍，我呢，看的书多，知道的比他们多一点点。"顿了一下，他接着说："我觉得呀，每个学科的书我们都该读一点儿，多读书对提高学习兴趣有帮助。你看我，我喜欢昆虫，你给我买的诸如《所罗门王的指环》《生死昆虫记：影响历史的人虫大战》《昆虫图鉴》《昆虫脸书》等生物类的书，我都比较爱读，所以我的生物考试的分数就高一些。"

读书不只是为了提高成绩。我还知道，初一刚入学选生物课代表时，生物老师问学生有没有自愿担当的，只有哲哲主动站了起来。后来，他凭借渊博的昆虫知识，让同学们心悦诚服，大家很快接纳了这个称职的课代表。我接着问他："既然你觉得读书有用，那么你认为怎样读书比较好呢?""我觉得呀，不要只读某一类书，什么书都读一点儿才比较好。""那你们不同学科的老师都鼓励、支持你们读书吗?譬如，给你们讲故事，或者讲一讲教材之外的知识，开一些你没听说过的书单之类？”“老师每天都在讲课，我们有做不完的试卷，我们在学校根本没有时间看课外书！”哲哲的抱怨让我一下子对初中生的课外阅读担忧起来。其实到了高中，他们的功课压力会更大，阅读的空间更小，而等到上了大学终于有时间看课外书时，他们却因为早没了阅读的兴趣，很难成为终身阅读者。

我希望，不只是中学生，小学生也应该像哲哲构想的那样，多读不同学科、不同门类的书，并通过这些书，了解不同的学科，找到自己的兴趣所在，乃至未来的人生方向。在小学三四年级以后，学生逐渐从只关注自我转向关注世界，他们开始向外看，这正是需要通过阅读大量书籍来初步完善知识结构的阶段，这一时期的广泛阅读对他们开阔视野会起到非常关键、事半功倍的作用。教师有意识地引导学生阅读由所教学科衍生开去的书籍，对他们认识自我、认识世界，乃至培养积极的价值观都非常有帮助。

放眼未来，人们要实现自我价值、参与市场竞争，固然要比拼身体素质、精神意志，但拥有完善的知识结构，并在此基础上有一技之长，更是关键所在。但凡那些伟大的企业家、科学家，都不是只在某一方面有所长，而是对各方面知识都有所了解。例如，美国苹果公司联合创始人史蒂夫·乔布斯不仅了解计算机科学，还对企业管理、书法、艺术、禅宗有一定的了解，他的多方面的知识甚至促进其事业发展实现重大突破。

引导学生多阅读不同学科的书籍，教师的作用很关键。有人说，三流教师硬性灌输，二流教师巧妙传授，一流教师春风化雨。我的看法是，教师分三个层次。第一层次是让学生爱上自己，这是教师的基本功。学生不喜欢教师，就无法“亲其师，信其道”，学习或传授就无法顺利进行。第二层次是让学生爱上所教学科，对学科产生兴趣，课上与课下都主动思考该学科的一些问题，就像北京师范大学附属中学的数学教师傅仲孙之于他的学生钱学森，中国近代力学奠基人和理论物理奠基人之一周培源之于他的学生——我国天体物理学家林家翘一样。第三层次是最高层次，是让学生爱上世界，对学生身心有全方位的塑造，帮助学生找到学习和生活的内在动力。学生不仅在学业上找到方向，积极努力，而且在生活上也明白自己将要成为什么样的人，朝着哪个方向努力，学生的整个生命状态被唤醒。

让学生找到人生方向，坦率地说，大部分教师都做不到这一点儿，其中不只是能力问题，还与教师的学识、气质、境界和成长环境有关。普通教师也能培养出优秀的学生，原因之一就在于善于借助外力，其中非常可靠的力量，就是阅读，即引导学生通过阅读大量经典书籍去遇见比教师更优秀的人，去构建比课程表更博学的知识体系，去走向比校园更辽阔的世界。有些话说得好，“书中有所有问题的答案”“教育有时候是无力的，教育无法解决的问题，可以交由阅读来解决”。阅读是通往优秀的路径之一，书中那些伟大的人物、高大的灵魂和感人的励志故事，都能激励孩子不断完善自我、强大内心、找到出路，而这些有时候是比教师更重要的教育力量。

任何行业、领域都有大量优秀的人、耐读的书，每位教师都可以将之作为自己的教育教学素材，不能想当然地以为本学科特别是小学科没有值得读的书，无法将本学科趣味化、课程化。实际上，只要教师把自己变成一名读者，就能发现本学科有很多好玩的故事，可以讲给学生听，或者和学生一起阅读。以体育为例，很多体育老师以为，体育就是运动，没什么书好读，殊不知我们可以引导爱踢足球的学生读一读《半世球魂——贝肯·鲍尔自传》《梅西：传奇之路》《瓜迪奥拉：胜利的另一种道路》，学生可以通过一个个小故事了解足球知识和优秀足球运动员的必备素养；我们可以引导喜欢打篮球的学生看看《迈克尔·乔丹与他的时代》《我是马政委》《谁更好谁更强——NBA球星华山论剑》，了解篮球巨星的风采，借助榜样的力量让孩子更加热爱篮球。

其他学科，比如物理，看似没有什么好玩的书，其实不然。教师不妨让孩子读一读美国物理学家理查德·费曼的传记——《别逗了，费曼先生》，这本书写得既好玩又好懂，把费曼还原为一个真实、幽默、风趣的人。李淼的《给孩子讲量子力学》《给孩子讲宇宙》《给孩子讲时间简史》《给孩子讲相对论》也介绍了一个个伟大物理学家的生活轶事，让孩子在轻松的阅读中了解到量子力学到底是怎么回事，以及牛顿、波尔、爱因斯坦、普朗克、霍金等物理学家的科学贡献与人格魅力。

如果每位教师都有培养学生阅读的意识，并将学科阅读与学科教学结合起来，学生的知识结构就会得到完善。即便未来他们不会成为大科学家，但是阅读的习惯、渊博的知识、探索的兴趣等，也会让他们的学习过程充满乐趣，帮助他们找到人生发展的方向。更为重要的是，他们的未来也许会像某体育品牌的广告词一样——“没有不可能”。

第三辑

教育管理要走心

我们一起聊聊吧

“爸爸，河虾和小龙虾会不会打架呀？要是它们打起来，一定是小龙虾更厉害吧？”“爸爸，你知道吗？我们班同学最近老玩掏裆的游戏，有的女生也玩，真是不害羞！”“爸爸，这次英语考试我得了 A^+，以后咱们也像米小圈和他爸爸约定的那样，我得 5 个 A 你就给我买一本漫画书，怎么样？……”

从哲哲不到两岁开始，他每晚睡前我都给他讲几本绘本，这几乎成了我们家的仪式。讲完故事，关灯之后，我俩并排躺在他的小床上，开始聊一聊，美其名曰“哲哲小屋的卧谈会”。我们聊的话题没有限定，有时是他班里发生的趣闻趣事、他的学习情况，有时是他极其痴迷的昆虫世界、《海贼王》里的恶魔果，有时是城市的环保问题、新推出的电子产品，或者一不小心聊到宇宙大爆炸。卧谈会有个规定，只要我在家，就必须参加卧谈会。

其实，我很喜欢接受哲哲的邀请。每当听到他说“我们一起聊聊吧”时，我的内心便充满期待，不仅因为我享受了满满的天伦之乐，还因为通过与他卧谈，我知道了他的小脑瓜在想什么，有着怎样的喜与忧、痛与乐，从而能更好地了解他、陪伴他、引导他。

跟哲哲的卧谈，让我想起自己的高中时代和大学时代。那时，我住的是八人一间的寝室，晚上熄灯之后，往往不知是谁开了一个头，话题便像止不住的河水一样倾泻而出，室友们一聊就停不下来，有时甚至聊到下半夜。大家天南海北什么都聊，白天不好意思谈论的话题，到了夜晚全都抛了出来。在和室友海聊的过程中，我逐渐发现每个人的生活经历、思维方式都不一样，感觉这个世界真是千奇百怪、无奇不有。对我而言，上学时代的卧谈会与泡图书馆、参加社团活动一样，都是令人难忘的时光，极大地拓展了我的视野，对我的人际交往也有很大帮助。

回首过往，我愈发感觉，对一个人成长影响最大的，往往不是课堂上学到的知识，而是与同学、教师漫无目的、漫不经心的交流。日本绘本作家松居直之所以走上绘本创作和出版之路，是因为毕业时他与教师的一次闲谈——“大学预科时代，曾有位比较亲近的教授对我说：‘大学是做学问的地方，就职问题应该放在第二位。’当时这位教授可能是随便说说，我却以为是在启示我。教授边走边说出这句话，至今我还记得听到这句话的地方。我按照这句话去做了，直到临近毕业也没有不安，最终我听从内心的召唤，选择了至今仍很喜欢的绘本行业。”

反观现实，无论是在大学，还是在中小学，师生之间的闲谈似乎并不多。而今的大学，教师一下课便与学生“分道扬镳”，更有一学期下来，教师不识学生、学生不识教师的事情发生。20 世纪 40 年代，在西南联大的校园里，张奚若、郑天挺、吴宓、陈寅恪等知名教授经常和学生一起辩论、交谈，无形中影响了一大批笃志于学、胸怀天下的有为青年。在如今的中小学校园里，科任教师与学生的交流也不算多。班主任虽然每天与学生在一起，但交流的话题往往有限，更多地聚焦于学习和纪律，教师似乎很少与学生漫谈理想与未来。

好的教育，应像杜甫所言的“随风潜入夜，润物细无声”，无形中给学生一种熏陶、一种影响。在开放的环境里，师生应本着“吾爱吾师，吾更爱真理”的信念，随心所欲地畅谈，哪怕是进行一番辩论，都有助于师生生命状态的改善。那一刻，师生同处于一个教育场中，他们的生命是连在一起的，心灵是相互影响的。实际上，当下的学生最缺少的不是提高考试成绩的方法，亦不是各种答题技巧，而是前行的动力及人生方向的指引。尤其是处于青春期的学生，他们亟待走出内心的迷茫，像牧羊少年圣地亚哥一样知道自己的使命所在。

一篇报道说，美国加利福尼亚大学洛杉矶分校的一位副校长在我国一所著名大学听了几节课后，说她非常不理解为什么在中国一流大学的课堂上，学生与教师的交流互动如此贫乏，基本上是教师讲、学生听，她质疑教师这样做如何培养学生的创新能力和批判能力。当中国教师问她什么是好的课堂教学时，她说课堂教学有五重境界：第一重境界是“寂静（silence）”，即课堂上很安静，学生不发言；第二重境界是“回答（answer）”，即教师在课堂上提出问题，学生们只回答“对”或“不对”、“是”或“不是”；第三重境界是“对话（dialogue）”，即教师与学生之间有一定的互动，交流若干与教学有关的内容；第四重境界是“批判（critical）”，即学生会对教师讲授的内容提出质疑；第五重境界是“辩论（debate）”，即学生与教师互相反驳。

当哲哲向我倾诉他学业受挫、在学校受人欺负，抑或与同学产生矛盾时，我常常是用心听着。如果他询问我的看法，我会引导他如何看待考试，如何正确处理与同学的关系，如何看待成长中的挫折。当哲哲对某种教育或社会现象感到不解时，我会耐心为他答疑解惑，抑或共同去寻找正确的答案。当哲哲不认同我的某种观点，如做人要不断上进、做事要井井有条，从而发表自己不一样的观点时，我习惯于耐心听完之后，和他讨论一番。反过来，针对教育领域的某些怪现象，我常把他当成知心朋友，跟他坦诚地聊一聊。他的一些看法常常有不一样的视角，甚至能说服我，让我看到成人常常忽略的地方。更重要的是，通过卧谈会，我知道了这个小家伙是一个什么样的孩子，将来可能会成为什么样的人。

某天晚上，哲哲讲了一件事："爸爸，今天上体育课的时候，我看见了一只盲蝽，不是猎蝽啊，盲蝽个头小一些，后背也没有小点点，它俩是不一样的。我们班珊珊同学踩了盲蝽一脚，我说了她，然后把盲蝽放在一片树叶上，用沙子埋了起来。下课后，我又把它转移到一个小朋友不常去的地方……"他讲完这些，我依稀看到一颗纯真与善良的心。实际上，教育者在倾听了童心深处的话语后，往往会提醒自己注意言行，给孩子更多的帮助，守护他们的童年。

教育是需要走心的艺术，教师只有走到学生的内心深处，才能得到真诚的回应，此时的教育才是有效的——教师不像教师，更像朋友；学生不像学生，更像知己。就像教育家叶圣陶所说的："你若把你的生命放在学生的生命里，把你和你的学生的生命放在大众的生命里，这才算是尽了教师的天职。"

停下来，坐在学生身边，和他们聊聊吧！

重要的是公平

哲哲读小学二年级时遇到两件事，让我很感慨。

一件事是儿童节前夕，哲哲所在的班级组织了文艺汇演。表演那天，每个小朋友都登台献艺。表演虽然称不上多么专业，但是小朋友们个个兴致高昂，展现出与平时不一样的一面。事后，班主任告诉我，组织此次活动是为了让全班孩子都能体验一次站在舞台上的感觉，并由此获得自信。

另一件事是某天放学后，哲哲的情绪很低落，嘟囔着要退出学校管乐团。细问之下，我才知道是乐团里的老师批评他表现不好，一句“我看你下学期还是别来了”伤了他的心。我问他老师是否也这样对待其他学生，他告诉我老师特别喜欢某些同学，即使他们犯了错也很少批评，唯独对他有些看法，尽管他几乎每次训练都参加。

这两件事发生的背景不同，我不在现场不知道来龙去脉。教师的教育方式也许有各自的理由，但不管怎样，我期待教师对学生能做到一视同仁、有教无类，因为这样做能让学生爱上学校、获得成就感和幸福感。

如今的校园不再是与世隔绝的象牙塔，学校通过看不见的互联网，与外界的联系越来越紧密，社会上的不良风气与潜规则不同程度地浸染着校园。受过度提倡竞争的社会大环境影响，教育界也常常充满着激烈的竞争，地区之间为了“状元”数量、一本率、奥赛奖牌数等排名而争，学校之间为了升学率、优秀率、学科“状元”而争，教师之间为了班级排名、地区优秀班级而争，学生之间为了荣誉、名次而争。在竞争的生态下，教育中充满着火药味，功利心弥漫于校园的各个角落，具体表现是分数成为评价学生的主要指标，学生无形中被分成三六九等，重点班与普通班、优等生和后进生被区别对待。

对学生乃至整个教育系统而言，这不啻一种灾难。

我一直以为，社会上的不正之风或扭曲的价值观，应该在学校教育层面得到最大限度的消解、净化或屏蔽。教育是用来改变而不是顺应更不是助长社会不良风气的。要是所有教师都有着积极的价值观，不戴有色眼镜看待学生，像《窗边的小豆豆》中的小林宗作校长一样，眼中的学生都是可爱鲜活的生命，顺应每个学生的天性与个性，给学生适当而人性化的教育，那么教育在改变师生生命状态的同时，也会推动着整个社会向前发展。

教育家陶行知说过：“你的教鞭下有瓦特，你的冷眼里有牛顿，你的讥笑里有爱迪生……”学生的未来与教师的教育理念、教育行为关系密切，不只是因为教师教会学生未来所需要的知识与能力，还因为教师塑造着学生的心灵世界。遇到一位良师，是学生之幸。而所谓良师，除了学识渊博、视野宽广之外，还会最大限度地屏蔽掉社会上的不良风气，让教室内少一些过度竞争的氛围，会平等地看待每一个学生——学生没有好坏之分，教师的职责是呵护学生的心灵，为学生做榜样，让每个学生的潜能都得到最大程度的开发。就像杂文家吴非所言：“这样的老师，思虑深邃，有意志力，像精神标杆，只要他们在教室里，所有太阳就会苏醒。”

童心就像一粒种子，只有在爱的滋养下，才会发芽长大。很多时候，对学生的成长起决定作用的，不是教师在课堂上所教的知识，而是教师在课外不经意的一句话或一个举动，以及对某个人、某件事的价值判断。我有很多小学同学读大学后学了中文专业，这主要与小学语文老师经常表扬我们的作文有关。即便有的同学的作文写得一般，语文老师也能找出闪光点，勉励一番。虽然我们至今都还称不上作家，但是我们都热爱文字并对写作保有热情。更重要的是，我们一直视写作为享乐，认为自己的努力是有价值、有意义的。

虽然这个世界上没有绝对的公平，但是教师要尽量做到尊重每个学生，公平对待每个学生，对每个学生怀有关爱之心。这才是真正的为师之道。看到教师能平等待人，学生们的情感、态度和价值观也将朝着积极的方向发展。教育的福祉，其实就在其中。

名校不应只是名气大

2017年5月，哲哲迎来了小升初。

北京的小升初有四种途径：一是电脑抽签，二是参加特长生选拔，三是读寄宿学校，四是电脑派位。哲哲在电脑抽签中没有被选中，就参加了特长生选拔，报的项目是艺术类的架子鼓。

尽管哲哲在某机构学了三年的架子鼓，能熟练演奏一些曲目，但在强手如林的海淀区，这点修炼显然还不够。不过，哲哲还是决定试一试。到了面试那天，我带他去了北京市海淀区的两所名校。到了第一所学校，我们突然发现忘了填写成绩单，这下难倒了我们，因为没有这张成绩单，哲哲就没有考试资格。正在焦急之际，学校里的教师和志愿者主动过来询问情况，告诉我和哲哲如何填写成绩单，并帮我们打印材料。哲哲进教室面试时，我和其他家长一起坐在学校门口的椅子上等待。中午时分，天气炎热，志愿者给包括我在内的一群家长各倒了一杯水。

哲哲考完了第一场，我和他又紧赶慢赶到了第二所学校。与第一所学校风格不同，这所学校门口的保安态度很强硬，表示家长不能进学校，只能在校外等。学校大门外放了六七个小板凳，几十位家长大多数只能在校门口站着。学校的志愿者也很少主动帮助考生，他们看上去漫不经心，只顾自己低头玩手机。遇到提交的材料不合格的，如忘记填写成绩单之类，教师把家长批评一通后，并没有给出具体的建议，只让家长自己解决。

面试完，哲哲向我感慨："爸爸，这两所学校都是好学校，但我怎么感觉他们的差距这么大呢？第一所学校的服务多好哇，第二所学校就不怎么样。""哪方面不怎么样？""就是考完试，我问老师接下来还有什么事，老师竟然说不知道，问志愿者，他们也说不知道。然后，我就出来了。而在第一所学校，考试结束后，老师很客气地告诉我可以回去了，接下来就是等通知了！"

我和哲哲的感受是一样的。学校让不让家长进校园，志愿者是不是主动帮助遇到困难的人，我作为考生家长无从指摘，但不同的管理理念背后是不同的教育理念，这直接影响到学生或家长对一所学校的价值认同。说到底，特长生面试、校园开放日，都是学生家长和外界难得的了解学校的机会，也是学校展示办学理念、教育质量、学校文化的窗口。学校该如何看待、组织、管理此类活动？是作为草草应付的工作？还是展示学校的机会？不同的想法会支配不同的行为，进而给人留下不同的印象，也自然会收到截然不同的反馈。

在回家的路上，我和哲哲探讨好学校到底应该好在哪里，哲哲告诉我："爸爸，你经常提到的北京市十一学校我觉得就很好。""好在哪儿呢？""你不是说过嘛，在这所学校的教室里可以养昆虫，学生可以自己选择喜欢的课，学生还可以自己组织运动会，根本不需要老师参与，这些规定我都很喜欢。"就像哲哲说的，好学校或者所谓名校，真的不只是校园环境优美，教学硬件高大上，也不是升学率高，师生屡获国际大奖，而是有着不因校长、教师、生源而改变的文化底蕴。这种底蕴体现在师生的教与学上，体现在校园里的学习氛围上，也体现在保安、保洁员、学生志愿者乃至毕业生的一言一行中。尤其是诸如门卫、校工等似乎与学校教学无关的人员，他们的言行也体现了学校的管理水平、文化传统，因为他们给外人的印象更直接。

当了10多年的教育媒体人，我越来越发现，名校的底蕴和格局不是装出来的，也不是在一两年内改出来的，而是长期内化并自然流露的，是藏在行为之下的气质与基因。但凡真正的名校，都像一个个优秀的人，有一种天然的、让人亲近的气场。置身校园，我们能感觉到一种神奇的力量，精神面貌会发生变化，身心无形中受到感染，这种变化、感染体现在看待事物的方式上，也体现在细小的行动中。有媒体报道，20多年来北京大学先后有500多名保安考学深造，其中固然有保安个人的努力，但“提升自我、追求卓越”的北大校园文化想必也是一个重要动因。

让名校真正成为名校，处处流露出大气、善意，学校管理者固然需要不断完善制度，但更关键的还是以文化人，即通过人性化的管理，不忽略每一次展示自身的机会，怀着感恩之心面对学校大家庭的每一位成员，让普通教师、校工、学生乃至家长都有一种归属感，自觉以校为家、以校为荣。这种人性化管理离不开尊重，更离不开对教育的深刻理解。学校管理者把师生与校工都当作有尊严的个体，不分贵贱，一视同仁，把教育作为一项修炼自我的方式，就会使学校离伟大、卓越更近一步。从教育学的角度看，尊重与热爱也是教育不可或缺的一部分：没有了尊重，教育就像空中楼阁；没有了热爱，任何行动都略显苍白。

近些年，全国各地都在开展教育改革，鼓励每所学校心怀远大，努力成为名校。但那些以为四处挖优秀学生和教师就能成就名校的想法，显然失之肤浅。名校的修炼更多地在于文化层面的建设，体现在师生和校工等是否有自信心和归属感，是否愿意助人。如果建设名校有一个起点，这个起点就是学校诚心对待每一位教师和职工。时时处处被尊重的教师和职工便会把这份感受传递给来学校的其他人，让更多的人念之爱之、心向往之。奥地利心理学家阿尔弗雷德·阿德勒曾经说过，教育最特殊的一点，就是以尊重和尊严对待每一个人。

对学校的好感或恶感也许是个人一时情绪使然，却勾连着学校的社会口碑。学校管理者和教师不能不重视这一点，只有做好了沿袭传统、营造文化，才能“近者悦，远者来”。

不犯错怎么知道什么是对?

哲哲 8 岁那年暑假的一天，他在小区里散步的时候，看见有人在玩一款有四个起落架的遥控飞机，他一下子就喜欢上了。“爸爸，你知道吗？现在科学家发明了一款遥控飞机，能自动返航，能在空中翻跟头，还能航拍呢。我想买一个，不用你的钱，用我的压岁钱，好吗？”哲哲恳求道。见我没反对，哲哲开始上网搜索，货比三家，最后看中了一款能航拍的遥控飞机，标价 600 元。哲哲的姥姥觉得遥控飞机太贵，而且没必要立即买，表示反对。我也知道哲哲当时还小，操控不了那么复杂的遥控飞机，但拒绝他显然会打击他的积极性，再说他会逐渐长大，现在试一试也没什么。于是，我遂了他的心愿。

遥控飞机到货后，哲哲迫不及待地开始组装。第二天，他兴致勃勃地出去试飞，没多久就心灰意冷地回来了——飞机的一只螺旋桨摔坏了。小家伙告诉我：“爸爸，我发现这架飞机我有点儿控制不了，等我长大一点儿再玩吧，或者你有空的时候带我一起玩。”

小家伙有点受挫的神情，让我想起自己小时候的经历。有一年，老爸交给我一袋化肥，让我给园子里的玉米施肥，他告诉我在每株玉米的根部撒一把化肥即可。当时烈日炎炎，我一心想着早点结束，见化肥还剩那么多，索性在每株玉米的根部多撒了一把化肥。结果没几天，我追肥的玉米全部枯黄了。老爸知道原因后，没有批评我，但我认识到了自己的错误，从那之后养成了认真对待所做工作的习惯。后来，我种植各种花花草草，乃至教育孩子，都本着适量原则，不走所谓的捷径。

老爸对待我犯错的方式，现在来看很有教育智慧：孩子的年龄小，对事情没有十足的把握，但就像小马过河一样，只有试过了才知道自己的想法对不对，问题出在哪里，自己到底有几斤几两。教师也要给学生试错的机会，这是一种教育艺术。每个学生都有好奇心，例如，他们总想知道蚂蚁洞里的世界是什么样的，闹钟为什么会滴滴答答地走个不停，天牛要是和螳螂打起来到底哪个更厉害……学生的这些疑问，就是一种本能的学习意识，抑或学习的原动力。教师有责任呵护学生的好奇心，鼓励学生去发现、去探究。当学生犯错后，教师要宽容待之，鼓励学生直面错误、发现问题、获得成长。

给学生试错的机会，之所以在当下很有价值，是因为在传统的观念里，差错往往代表着失败、愚笨和耻辱。绝大多数学生都担心上课发言出错会受到同学的嘲笑，所以课堂上往往只有教师发出的一种声音，难有思想的交锋，随着年级的升高这种情况越来越普遍。实际上，很多问题都不止一种标准答案，哪怕一道数学题，也经常有多种解法。因此，学校教育不该千人一面，不该只有一种僵硬的以分数为主的评价标准，课堂教学也不必过于强调整齐划一。相反，教师应鼓励学生开动脑筋，尝试用多种方法解决问题，哪怕犯了错，也可能会有收获。

小学数学特级教师华应龙提出“融错教育”的教育理念。所谓“融错”，是指把课堂教学中的差错转化为一种教学资源，相机融入后续的教学过程中，“化腐朽为神奇”，变“事故”为“故事”，这与我国古代“相克相生，相反相成”等哲学思想相契合。在华老师看来，从差错中学习是最好的学习，学生在课堂上犯的错误很多时候是很好的教学资源。

在反思以往的教学时，华应龙说："我突然意识到，我平时的教学中存在一个大问题：我错过了多少学生提供的教学资源哪！我多少次扼杀了孩子们的数学思维发展！利用好孩子们出现的每一个差错，让他们自己认识到差错，肯定比教师告诉他错了然后改错来得更有成效。"华老师的这种反思与认识，非常有价值。有些教师意识不到这一点，习惯于用自己生活中的经验教训，为学生开辟一条通往成功的"捷径"，但往往忽视了学生需要自己经历思考、探索、失败的过程后才能真正长大的内在规律。

哲哲上小学一年级时，有一天他告诉我："今天一（2）班的老师给我们上课了。"我问他是否喜欢新老师给他讲课，小家伙说还行，"就是她跟我们张老师讲得不一样，她喜欢直接告诉我们答案。"我追问他："直接告诉答案好还是不好呢？"哲哲回答："既有好处也有坏处。好处是，有了答案，我就知道自己对不对了。坏处是我们没有时间思考，我觉得多想想，才能把问题想明白。""要是你当老师，你愿意学生自己去尝试，哪怕犯一大堆错误吗？""当然了，不犯错怎么知道什么是对？我觉得，只有犯错后，才会知道错在哪里，并加以改正，你说是吧？"听到这，我给了小家伙一个大大的拥抱。

如果教师给学生试错的机会，学生也许就会像哲哲喜爱的那架遥控飞机一样，终有一天在天空中自由飞行。

我们要有“集体感”

小学四年级的“五一”假期前，哲哲所在的学校举行了春季运动会。

哲哲没有参加任何项目。我接他放学时，本想听他讲讲运动会上的趣闻，但他兴致不高。在睡前的卧谈会中，小家伙向我敞开心扉：“爸爸，其实我也想报名参加比赛，但报名跑步吧，我跑得不够快，报名扔铅球吧，班里几个运动健将已经报了，我投不过他们，所以我什么项目都没报。”“那你可以给同学加油哇！”“哎，老师让没有比赛项目的同学在教室里自习。”

我告诉哲哲，他可以坚持锻炼身体，争取在以后的运动会上报名参赛。他熟睡后，我不禁感慨，每个孩子都有一颗善良的心，他们热爱集体，渴望获得一份归属感。而有的教师似乎并没有关注到一颗颗稚嫩心灵的感受和需要，或为了赢得一个好名次，或迎合不科学的评价方式，在不经意间将目光聚焦在部分学生身上。运动会也好，艺术竞赛也好，渐渐成了少数人的游戏。其实，运动赛场的魅力，不只在运动场内，观众席上的欢呼呐喊、人浪游戏等，也是比赛的一部分，而且是不可或缺的一部分。

我曾有机会去日本一所小学参观，碰巧看到学校正在举行运动会。只见操场上笑声、叫声、加油声不断，空气中弥漫着快乐的氛围。令人感到意外的是，运动会上没有我们常见的中短距离赛跑、铅球、跳高等项目，而大多是以班级、年级为单位的集体项目，如拔河、接力赛跑、运气球和抢竹竿等。所谓运气球，就是三人一组，将一个硕大的气球运到指定地点，以最快到达终点者为胜。抢竹竿则是两组各 20 名学生，从相等的距离出发，去争抢放在中间的竹竿。我询问校长，才知道这些运动项目都是脱胎于农业社会的劳动生产，旨在让当下的学生了解传统文化，同时增强学生的团队合作意识。

在看抢竹竿比赛时，我发现，参加的选手高矮胖瘦、男生女生都有，一看就是没有经过刻意选拔。在一对一争夺之后，获得胜利的选手都主动返回帮助伙伴，到最后几乎成了两个团队的抢竹竿比赛。更有趣的是，我发现学生家长也在场边加油助威、跃跃欲试。校长告诉我，许多项目父母也可以参加。

日本的中小学运动重集体轻个人、重乐趣轻成绩，这种倾向让每个学生都能体验到参与的快乐、成功的喜悦，更符合教育的内涵。我问校长，那些没有参赛的学生都做什么。他告诉我，运动会之前，学生会根据自己的特长自愿报名，有的学生根据自身情况参加项目，有的学生制作独具特色的海报，有的学生设计班级标牌，有的学生在运动会现场为比赛服务，也有的学生组织同学为选手加油，几乎没有人袖手旁观，所有人都全情投入到热闹的集体盛会中。

从比赛的结果来看，这种提倡团队合作的运动会虽然无法突出个人风采，也破不了什么纪录，但是培养了学生未来所必须具备的合作意识。决定一个人事业成就的，往往是一个人对团队的贡献。如果教育忽视了对孩子的合作意识的培养，只朝着培养所谓精英或卓越人才的目标前进，这样的教育就是值得警惕的，培养的人才是否真的卓越也要打上问号。

教育管理者要有公平意识，若只把目光放在卓越的学生身上，免不了会忽视那些并不卓越、并不突出的学生，这无助于整体教育水平的提高。进入互联网时代后，鼓励个人竞争的教育越来越不符合社会发展的大趋势。放眼那些取得重大成就的企业，大多是通过项目制的形式，依靠团队合作取得成功的。社会发展固然需要精英，时代发展固然需要有人突破藩篱、敢为人先，但这样的精英要求具有卓越的领导力和人格魅力，而不是自私自利、逞匹夫之勇。

要培养这样的精英，教师需要改变只为少数学生服务或只关注少数学生的教育理念，在日常教育中尽量发掘每个学生的长处，从细节处引导学生为集体作贡献，使之获得成就感、归属感，有所担当，最终成为未来社会所需要的人才。

哲哲读小学二年级时，一次我接他放学，但在校门口没看见他。过了很久，他一脸疲态地走出来，告诉我那天是他们组值日。“那为什么你最后一个出来？”“哎，他们都不好好干。欢欢什么都没做就跑了。一成和阳阳打来打去，什么也没干。佳怡擦黑板倒是挺认真，但弄得到处是水。我扫完了地，又帮佳怡擦黑板。”“你这么负责，是小组长吗？”“不是。”“那你为什么这么做？”“他们都不干，要是我也不干，那怎么行？再说我多做一点儿也没关系，你不是说做人要有集体感吗？”刚要纠正“那叫集体荣誉感”，话到嘴边我咽了回去，转而请他吃了一个小甜筒，鼓励他有合作意识。

好的教育，就该多培养甘于奉献、有团队意识的人。教师要通过引导，让更多学生甘于奉献、热爱集体，并为同一个目标而团结一致。但当下的现实情况是，受应试教育的影响，很多学生整天想的是如何超越他人，如何在千军万马走独木桥时占得先机，渐渐成为“精致的利己主义者”。其实，培养幸福的人也好，提升民族竞争力也好，都需要教师有意识地从细微处引导学生学会团队合作，增强集体荣誉感，而不是提倡过度竞争。那种为了共同目标，发挥各自所长，为团队作贡献的感觉，对学生的心灵成长大有裨益，能促使他们成为有能力、有担当、有智慧的未来建设者。

在哲哲非常喜欢的日本漫画《海贼王》中，路飞、山治、乔巴等九个团队成员每人都有独特的本领，大家相互合作，彼此患难与共，一起开启了伟大的征程，谱写了极为热血的励志诗篇。但愿在他今后的人生成长道路上，他能遇到乐于和他合作、分享快乐，甚至分担责任的小伙伴，数量越多越好。

教育不是一个人的事

哲哲读小学二年级时，在一次单元测试中只考了70多分。看着不高的分数，我跟他商量是不是应该多努力，别在班级里“打狼”了。“爸爸，‘打狼’是什么意思？”“‘打狼’就是最后一名，要跟后面穷追不舍的狼搏斗呗！”“哦，那我不会‘打狼’的，我们班知杉同学的分数比我的还低5分呢！”

尽管哲哲的心态很好，但我还是跟他交流，学生的考试分数之所以低，要么是因为学生上课时没认真听讲，要么是因为家长对孩子的学习不管不问，不跟教师多交流。小家伙听了，来了劲，很激动地呼应道：“就是，知杉总是他姥姥管他，他爸爸不管他，连家长会也不参加。”“你怎么知道？”“知杉说的呀！”“那你觉得家长和教师该不该多联系呢？”他想了一会儿，道出他的观点：“当然应该了，如果学生在学校犯了大错误，或者被同学欺负了，或者不爱学习了，而家长却不知道，那怎么行？我看哪，教育不是一个人的事。就像佐贺奶奶说的，教育是一种合力……”

那段时间，我给哲哲读了日本喜剧泰斗岛田洋七写的《佐贺的超级阿嬷》，他记住了阿嬷那句“人生就是总合力”的至理名言，没想到用在了这里。的确，一般而言，优秀的学生不只是学校教育的成果，家庭也会助力不少。在现实生活中，许多家庭与学校沟通很少，不及时沟通，或沟通不畅，产生矛盾后动辄怒目相向。一些教师很少家访，只是在微信群、QQ 群或短信里与家长交流。家长也不太了解教师，一旦孩子发生问题，只是一味地从教师或学校身上找原因，而不是与教师好好沟通，并深刻反思自己的不足。

教育是一种合力，只有学校、教师、家长站在一起，各尽所能，共同帮助孩子，才能让他们更好地成长，离好的教育越来越近。一个孩子的求学之路，离不开家庭教育、学校教育、社会教育、同伴教育和自我教育的相互作用。虽然我们很难说出各种教育所占的比重，也无法判断到底是哪一种教育产生了重要作用，但是缺少了任何一种，孩子的成长将会受损，教育的品质就会大打折扣。

如果把孩子比作一棵小树，家庭教育就是孩子成长之根，赋予孩子性情、品质与人格；学校教育则是枝干，让孩子接受同伴影响、学会遵守规则和融入社会；社会教育更像是枝叶，风吹草动都会影响孩子，但只要根基和枝干足够强韧，孩子就会不断向上生长。

和许多父母一样，我在当爸爸之初，也对学校教育寄予很大的期望，认为只要把孩子送到一所好学校，他就能像一棵小树一样茁壮成长，六年后学校将还给我一个学习优秀、性格开朗的孩子。但是，随着时间的推移，我越来越发现，影响孩子成长的因素有很多，如今的学校教育距离我的理想还有相当一段距离，让孩子拥有良好的教育，需要家校彼此配合、默契合作。家校之间只有多沟通、细琢磨，才能给孩子最契合的教育。在此过程中，教师起着非常重要的作用。教师对孩子最初的启蒙，是引领其完成社会化的关键一环。

出于这种理念，哲哲读小学一年级时，我主动跟班主任沟通，请求到班级给小朋友们讲绘本。记得那天我读了《冬冬，等一下》《我等待……》《驿马》三本绘本。《驿马》的文字很美，我每次阅读都仿佛身处大西北，内心涌动着一种粗犷而震人心魄的美——“青杨是一匹驿站的马。小时候，青杨经常听爸爸妈妈说起一个美丽的地方，在那儿，天蓝得像缎子一样，云白得像牛奶一样，河蓝得像宝石一样，羊白得像云彩一样。它，就是楼兰……”

课堂上，小朋友们与我积极互动，时而迸发出开心的笑声。课后，我问哲哲讲得如何，他告诉我：“爸爸，你今天讲得很好，很多人都听入迷了。阳阳同学说他不爱听绘本，我看他听得最认真，他还笑了呢！”哲哲的话有理有据，加上纯真的眼神，让我确信他没有故意安慰我。其实，我之所以不怕麻烦地给绘本一页页拍照，制作成PPT，是因为除了想让40多位小朋友感知绘本的魅力外，还希望哲哲将来能像我一样自信地站在众人面前，讲他自己的成长故事。作为哲哲的爸爸，我不过是给他标注了一个小小的起点。

后来，哲哲的班主任也请其他家长进班级讲绘本，讲各自的职业特点。她还号召家长参与班级图书角的建设，一起为孩子们挑选优秀的绘本及其他儿童文学作品，并让孩子们彼此分享阅读心得。一时间班上掀起了阅读热潮。学期末的时候，哲哲所在的班级还被评为“北京市优秀班集体”。

教育需要教育场内的每一个个体形成合力。如果教师能有意识地做好家校合作，善于利用家长资源，多与家长沟通，把家长当作教育帮手，学生就会享受更好的教育。大部分家长想必也像我一样，乐意与教师合作，乐意参与到班级活动中，发挥自己所长，为自己的孩子做榜样。

家校间，有座桥。只有当教师的心与家长的心连通，教育才会像佐贺的超级阿嬷那样，让每一天都变得有滋有味。

多说几句"没关系"

教育是为了什么？不同的人会给出不同的答案。

在我看来，教育者除了要教给孩子知识、规则和道理之外，还要关注其内心世界，就像奥地利心理学家阿尔弗雷德·阿德勒所说的那样，为孩子以后的成长打下一个适宜的心理基础。

所谓打下适宜的心理基础，就是帮助学生培养积极的心态，学会面对和处理负面情绪。相对而言，心态调节能力影响一个孩子未来面对挫折时的态度与承受力，比知识学习更为重要。在学校生活中，学生会遇到各种问题，有的问题源于家庭。有些问题教师固然难以单方面有效地解决，但教师要认识到，学生产生负面情绪是正常的，学生不是无理取闹。

我和绝大多数父母一样，没有心理学、教育学的知识背景，遇到孩子有生气、害怕等负面情绪时，曾想当然地认为孩子天生比较顽劣、不懂事。例如，当哲哲发脾气或有挫败感的时候，我总是以更火爆的脾气、更大的嗓门反击，目的虽说是希望他振作起来，但结果往往事与愿违。其实，即使是成年人陷入消极情绪后也需要一定的缓冲时间才能真正走出来，更何况是孩子。而且，以糟糕的情绪来应对糟糕的情绪，本身就是一种错误，不会有任何效果。

后来，我从心理学专家那里了解到，孩子根本不会记得教育者发脾气时说的话，而只会记住自己难以忍受的歇斯底里。

因此，在教育管理过程中，当学生产生消极情绪和行为时，如果教师第一时间将之与学生品行挂钩，不是去分析消极情绪和行为产生的深层原因，而是简单地施以道德说教，教育就会走向反面。学生不会因此而对自己的情绪和行为形成正确的认知，在以后的生活中会依然故我。

在新闻报道和现实生活中，校园里此类失败的案例俯拾即是。我的一位朋友曾说，他的孩子在教室里帮同学打开袋装牛奶，由于没有合适的工具，只好用铅笔扎袋子，结果牛奶洒了一地。执勤的班主任没看到过程，只看到结果，以为是学生调皮，不爱惜食物，给予一顿严厉的批评，让他的孩子感到很委屈。后来，还是朋友有教育经验，他问清楚了事情的经过，跟教师沟通后，教师才知道是自己错怪了学生。

教育者该如何应对孩子的负面情绪呢？哲哲给我的答案是："爸爸，我发现你有时候太爱生气了，你一生气，我就离你远一点儿，免得被误伤。过一会儿，等你冷静了，我才愿意跟你继续说话。"小家伙的话让我觉得自己是个喜怒无常的小孩，而他反倒是个很懂事的大人。于是，我继续问他："如果是妈妈生气了，你会怎么办？""我呀，可能会跟她说生气很正常，谁都会生气。但是呢，用不着老生气，干点别的事，把令人生气的事忘掉就好了……"回味哲哲的话，我发现他是用了共情的方法。

在心理学上，共情不是同情，同情有姿态的高下之分和施舍的意味，而共情发生在两个平等的主体之间。当共情发生时，求助者会感到自己被理解、接纳，能感到愉快、满足，从而促成彼此更多地了解和交流。因此，当学生产生负面情绪时，教师要做的，首先是与之共情，拉近距离，让其不至于感觉孤立无助，陷入迷茫状态。其次是引导学生对负面情绪有正确的认识，即每个人都会产生负面情绪，大人也会生气、害怕、哭泣，也会被批评，这都是正常的现象。最后才是教学生换一种思路，找到负面情绪的来源，勇敢面对，一点点变得快乐、勇敢、乐观，进而取得成功。

如果教师第一时间做到了共情，学生也愿意敞开心扉，透露心底的秘密，问题就很有可能得到解决，教育管理就会顺畅许多。同时，这种共情的教育管理方式也有助于融洽师生关系，形成相对和谐、亲切的教育氛围。

都说为师不易，其实学生也不容易，他们要学习很多知识，经历很多次考试，尤其是在当前过度提倡竞争的社会环境下，他们每时每刻都像上了发条的时钟一样，根本没有时间休闲，久而久之极易产生各种各样的心理问题，如容易烦躁、焦虑、愤怒、妒忌、自卑等。

对此，教师除了要帮助学生减压，引导其不被负面情绪所左右外，还要宽容地对待学生的负面情绪，多说几句“没关系”。毕竟在学生成长的过程中，心理健康尤为重要。记得有一天，哲哲很郑重地对我说：“爸爸，我觉得呀，你就是最好的爸爸。”问他原因，原来是不久前，哲哲在他们班级的家长微信群里发了一条旨在呼吁人们爱护自然、保护动物的视频链接，其中有一些内容比较血腥。哲哲妈妈看到后，认为哲哲不该分享这些内容，容易对其他人造成不良影响，严厉批评了他。由于发布时间过去太久，视频链接无法撤回，小家伙很痛苦，便把这件事告诉了我。我安慰他这件事没什么大不了的，以后不发类似的信息就好了。

后来我才知道，哲哲的本意是不想小动物受到伤害，希望家长们都爱护动物，不买用动物毛皮做的物品。他的本意是好的，只是没想到视频内容有点血腥，而妈妈严厉的批评显然让他误解了其中的因果关系。此时，我给予他的劝慰和引导虽然只有几句话，但是让他快乐起来，并让他明白很多道理。

成长路上有乐也有痛，我真心希望广大教师能多看一些心理学书籍，把教育管理当作一门解放心灵的艺术，在学生犯了无伤大雅的小错误后能对他们说几句“没关系”。如此，久而久之，学生会变得达观、自信。

难忘的假期离不开教育设计

在不同的家庭中，孩子们的假期生活差异颇大：有的孩子处于“放羊”状态，每天跟手机、平板电脑等电子产品亲密接触；有的父母早早为孩子报了各种补习班，期待孩子在假期“弯道超车”；有的家庭让孩子参加社会实践，以期孩子在身体和意志方面得到锻炼……不同的假期生活背后，有着不同的家庭教育理念。理念也许没有对错之分，却有高下之别。

假期生活到底应该怎样过？其实没有标准答案。我认为，孩子的假期生活需要好好规划和精心设计。家长要提升对假期教育价值的认识，改变假期是孩子“放飞自我”或“学期延续”的认识，珍视孩子成长过程中的这一关键期，让孩子过一个难忘的、有意义的、教育含金量高的假期。

对学校而言，假期里虽然不用上课，却反映着学校教育的结果。看似平常的假期作业，彰显着学校的教育理念。想要借助假期作业来提升学生的综合素养，教师必须对假期作业进行个性化的设计，即从学生的个性、特点、爱好、特长出发，既可以为其弥补短板又可以发挥优长，既可以查缺补漏又可以给学生全新的体验。倘若设计得法，假期生活完全可以令学生终生难忘，成为其人生路上的关键时段。

通过一些媒体报道，我们可以看到，有的学生假期里和小伙伴一起参加社会实践，虽然辛苦，却品味到了生活的不易。有的孩子和父母一起骑行看世界，不仅锻炼了体魄、磨炼了意志，也增进了亲子关系。有的学校鼓励父母和孩子一起到农村生活一段时间，或开展文化寻根之旅。这些都非常有意义，会给孩子留下终生难忘的记忆。

欧美发达国家的学校几乎都有研学旅行的教育设计，有鼓励学生看世界的传统。这些国家的家庭也经常支持孩子主动休学一年，或勤工助学，参加社会实践，或到高校体验不同的课程，抑或只是放松身心，沉静下来做好未来的职业发展规划。与之相比，我国中小学对学生假期生活的主动设计意识还不够，没有充分把握这一教育时机，尤其是假期作业显然没有发挥出四两拨千斤的作用。我认为，所谓的家校形成教育合力，很大程度上体现在对寒暑假等节假日的教育设计上。如果学校主动与家庭做好沟通，为每个学生提供一些有价值的教育选项，引导家庭对孩子的假期予以个性化的教育设计，孩子的假期就会起到为其成长加速的作用。

我们已进入信息化时代，学校不能再关门办学，教师不能再将学生束缚在教室里苦学苦练。在做好安全工作的前提下，教师应鼓励学生多接触社会，多走向世界，这才是更加积极可取的教育方式，对学生而言，这也是更有意义的、与国际接轨的学习方式。因此，我希望教育主管部门多支持学校，鼓励学校组织有价值的研学旅行活动，为学生参加社会实践活动保驾护航。学校可以为每位学生列一张个性化阅读书单，在假期里引领学生追随经典，通过阅读认识自己，了解世界，或者为家长推荐更多优质教育资源、社会实践基地等，鼓励家长多参加亲子活动，多陪伴孩子。家长应该配合学校，早做规划，多让孩子接触社会。家长和孩子在出发之前最好做足功课，让旅途多些教育味道。例如，家长和孩子临行前通过阅读了解旅途的交通地貌、风土人情，到达目的地之后，除了游山玩水，还可以主动做一些文化上的考察与探究，养成纸上看文化与脚下走世界相结合的习惯。

过一个什么样的假期，将会影响孩子的视野与格局。只有学校和家庭一起规划孩子的假期，做到设计个性化、执行不打折，孩子的假期生活才能变得难忘，孩子才能真正收获成长。

谢谢你一直给我讲故事

2016 年感恩节，我收到很多致谢信息。

我也很感谢那些曾经帮助过我的人，比如小学语文老师经常在课堂上朗读我的作文，使我爱上写作，至今与文字为伍；几个同事几乎每周都和我打篮球，十多年的并肩作战让我体会到运动的快乐、友谊的美好；诸多可爱的一线教师常常跟我交流，他们的鼓励与支持让我坚持思考教育，愈发热爱教育媒体这份工作。

但是，我最感谢的还是哲哲，是他改变了我的生活观，让我发现童年的秘密，让我窥见教育的门道，让我知道如何去做合格的父亲乃至称职的教育者。

哲哲两岁多的时候，曾经给我出过一道题：什么动物是黑色的、白色的加上红色的。我不假思索地说："是鹦鹉吧！""不对，只有三种颜色，鹦鹉的颜色太多了。"憋了半天，我给出答案："是头破血流的斑马吗？""不对！"想不出来，我只好求饶。"告诉你吧，是害羞的斑马。"就是在那一刻，我为自己过于成人、过于暴力的思维而感到惭愧。

这次问答可谓我教育生涯的一道分水岭。从那以后，我决心改变自己，做一个童心与童年的守护者。

陪伴哲哲的每一天，收获更大的是我。我认为，所谓教学相长，就是父子之间、师生之间坦诚以待和共同学习，说到底就是相互成全。教育从来不是单向的耳提面命或强行灌输，而是吸取他人所长，弥补自身所短。尤其在互联网时代，传统的师生界限已经被打破，教与学的主体发生了戏剧性的变化，学习无时无处不在，谁拥有自我学习的意识与能力，谁就能学为人师。在信息时代面前，与其说是教师教育学生，毋宁说是现实倒逼着教师去提升自己。

我经常向哲哲请教如何制作PPT，某本绘本看了几遍仍没看懂时，我就会问哲哲图文之间的联系及作者想表达的意思。其他的像“在漫画书里，黑色的背景代表梦境，灰色的背景代表回忆，双框线里是作者的注释”等，也是小家伙透露的小秘密。

告诉我这些小秘密的时候，“哲哲老师”没有丝毫不耐烦，他一直是循循善诱的，脸上写满了耐心。从他的认真劲中，我发现，判断一位教师好与不好，不应只看他教的学生成绩是否出色，还应看他对学生的心灵是否有潜移默化的影响；判断一位教师的灵魂是否达到一定高度，也不应只看他教学时得到多少学生及家长的喜爱，还应看若干年之后，有多少学生依然对他怀有深深的眷恋之情，在生活中是否践行着他当年的教诲。

我感谢身边这个嗲声嗲气的小老师，他让我对爸爸这一角色有了更深的认识，让我知道了好教育大致的样子。让我意想不到的是，这个小老师还让我爱上了生活。有一天，我带哲哲从游泳馆出来，当我骑车带着他在马路上飞奔的时候，哲哲突然喊“停——停——”。我问他为什么喊停，只见小家伙用手一指天边，惊呼一声——“真美呀”。我抬眼一看，果然，夏日的傍晚，天边霞光万丈，有一种难以言说的美。这时，我想起小学时学过的萧红写的《火烧云》——“这地方的火烧云变化极多，一会儿红彤彤的，一会儿金灿灿的，一会儿半紫半黄，一会儿半灰半百合色。葡萄灰、梨黄、茄子紫，这些颜色天空都有。还有些说也说不出来、见也没见过的颜色。”

足足有10分钟，我俩站在原地看着天空。慢慢地，火烧云退下去，天黑了，我们继续骑车。路上，我心怀歉意地对哲哲说：“宝贝，真该谢谢你，是你让我看到了如此美丽的晚霞。”好像从那以后，每到傍晚时分，走在路上的我都会在不经意间抬眼望向西边的天空，去对比当时的晚霞和那一天的晚霞到底哪一次更美。

每个学生都是一座富矿，都值得深入发掘。而若想发掘这座富矿，教师不能像当初的我一样，眼里只有工作，只关注分数，却看不到那些如梦如幻的风景。否则，在这种观念的影响下，教育不是享受，而只是谋生的工具，甚至是一种看不见、挣不脱的枷锁。斯霞、于漪、吴非等教育名家都很关注孩子的心灵世界，把教育当作一种教学相长的过程，站在讲台上时，他们充分地绽放自己，把自己的人生经验全盘托出，引领学生去感知世界、追求梦想。教育之于他们，是金不换的事业。好的教育就应该是这样的状态，给师生以闲暇，教育与生活合而为一，一如孔子及其弟子“浴乎沂，风乎舞雩，咏而归”的状态。

也许有人会说，“你不是教师，不用管无处不在的评价压力；如果你是教师，尤其是中学教师，就会被各种条条框框折磨得疲惫不堪、心灰意懒。”的确，我不是教师，但我是一位父亲。在陪伴哲哲成长的过程中，我尝到了教育的乐趣，始终对童心怀有感恩之心。有时候，听哲哲滔滔不绝地讲自己改编的笑话，听他给我吹奏刚刚学会的小号曲子，看他展示用纸盒等制作的超炫“武器”，听他为我朗读刚刚写完的作文，我总欣慰于他小脑袋里的奇思妙想。此时，我能感觉到一个小生命正在茁壮成长，也更加坚定地去做一个拜儿童为师的教育者。

我突然想起哲哲读小学一年级时的一个情景。那天，微风和煦，旭日初升，走在路上，小家伙突然对我说："爸爸，谢谢你这么多年一直给我讲故事，陪我一起玩。""不用谢呀，你是我的宝贝嘛！不过，你的话还是让我很感动。"过了一会儿，他抛出一个问题："爸爸，感动是什么意思？"我一时语塞，无法用一个词来准确地解释感动。哲哲突然冒出一句："感动是不是要哭的意思呀？"那一瞬间，我差点泪流满面。

感谢童心，它让我仿佛"复归于婴儿"。在成长的过程中，每个人都会或多或少承受着外界的压力，但任何事情都不能阻挡我们虚心向童心求教。走近童心，感恩童心，向孩子寻求教育的诀窍，慢慢地我们就会爱上教育，成为自己喜欢的模样。

第四辑

阅读的门道

谁说阅读没有用？

2014年暑假开始前，我问哲哲假期有什么计划。小家伙想了想，回答说要完成暑假作业，参加滑雪夏令营，去爷爷家捉田鳖，还要多读几本书。然后，他拿出阅读计划表让我看，上面罗列了一些他想看的书，其中有"哈利·波特"系列、"鸡皮疙瘩"系列、"草原上的小木屋"系列、"手斧男孩"系列等。我问他这么多书能否看完，他肯定地点点头说："爸爸，你知道吗？'哈利·波特'系列我都看到《哈利·波特与火焰杯》那本了。作者太富有想象力了，这套书我越看越爱看，越爱看读得就越快。"

其实，男孩子在八九岁时，会很自然地爱上R.L.斯坦的恶作剧、盖瑞·伯森笔下的原始森林大冒险和J.K.罗琳营造的奇幻魔法世界。而且，暑假的确是阅读的大好时期，只要孩子有信心、执行力强，暑假可以容纳任何靠谱的阅读计划。相比给孩子留各种重复性的作业，或者给孩子报各种培优班，让孩子每天泡在书店里，不失为一种更明智的选择。可是，很多学校并没有对学生的假期阅读进行精心的设计，即使让孩子阅读，也是拿着照搬来的书单，上面有《西游记》《三国演义》《上下五千年》《小兵张嘎》《红岩》《牛虻》《西行漫记》等经典书籍，少有脍炙人口的经典童书。

我以为，好的书单应该像营养学家开出的食谱，背后有着深层的用意，不是一刀切、"以不变应万变"，而是针对不同年龄的孩子，有针对性、有选择性地推荐。在推荐书单时，教师应多想想学生的性别、爱好和个性等，认真为其成长“调配食谱”，这虽然有难度，需要花费一番精力，甚至需要阅读专家的帮助，但是却非常有价值，也是孩子真正需要的。

对于假期阅读，哲哲最大的感受是终于可以自由自在地读书了。看哲哲读得如饥似渴，我送给他葡萄牙著名作家何塞·雷迪亚说过的一句话：“如果我是一本书，我最希望的是，被你阅读，让你自由。”我持续给他推荐好书。看到哲哲特别喜欢小狗，我从以狗为主题的小说入手，给他列了一份阅读书单，包括《红色羊齿草的故乡》《一只狗狗的自白》《灵犬莱西》《义犬》《黑狗哈拉诺亥》《雪域神犬：最后的獒王》《我在雨中等你》《荒野的呼唤》《忠犬的背叛》《狗狗心事：它和你想的大不一样》等。

看完这些书之后，哲哲很兴奋，不忘跟我分享阅读感受：“爸爸，我觉得，还是《红色羊齿草的故乡》写得最好，《义犬》和《雪域神犬：最后的獒王》也不错，就是有点夸张了，不像真的。”接着，他还告诉我：“你知道吗？莱西是一只苏格兰牧羊犬，只有纯种的牧羊犬才能持续跑600多公里，它一定要找到主人，否则它是不会停止奔跑的。”“那你觉得读书有用吗？”“当然有用了，说读书没有用的人估计都没看过这些好书。爸爸，你知道吗？我现在是班里的狗狗专家，跟狗狗有关的问题，我的同学都来问我。”“那你岂不是很得意？”他嘿嘿一笑。

之后，我又找来《老黄狗》《忠犬八公的故事》《导盲犬小Q》等电影，跟哲哲一起看。没想到，电影再次激发了哲哲对狗的热爱，他对以狗为主题的小说的阅读热情持续高涨，从宠物百科到养狗指南，一本接一本和狗有关的图书被列入他的阅读书单。没多久，他俨然是一个资深的狗狗专家，在路上遇到不同的宠物狗，他总不忘给我讲解狗的名字、类别、特性，以及养育难度，甚至跃跃欲试要养一只狗。

在与一些家长交流时，我总能遇到“读书有什么用”的发问。当我回应阅读能丰盈一个人的心灵时，对方会反诘，“感情丰富有什么用？能帮助孩子考上好大学吗？”坦率地说，从短期来看，阅读不能提高孩子的分数，不能帮助孩子考第一名，但阅读无疑有助于开阔孩子的视野，给幼小的心灵涂上明亮的底色，使他们内心产生充实感和幸福感，让他们知道在这个世界上还有很多比考试更好玩的东西，还有一个比肉眼所见更美丽的文字世界，还有很多种比目之所及更精彩、更波澜壮阔的人生。因此，教师和父母都应成为孩子生命中的朗读者，当然，前提是他们自己多读书，尤其是多读童书。

好书能与生命互动，与生命产生共鸣，并久久地打动人的心灵。教师平日里没有时间指导学生读书，暑假正是培养学生阅读习惯的好时机。家长要是没有时间带孩子远行，那么可以让其沉浸在书中，过一个阅读的暑假。为了让孩子拥有美好的阅读体验，教师和家长还应尽量遵循孩子的兴趣爱好，多推荐契合孩子心灵的好书，让每本书都成为孩子生命的养分，支撑起孩子的精神风骨。

如果教师和家长能够秉承课上阅读与课下阅读相结合、学校阅读与家庭阅读相结合、学期阅读与假期阅读相结合的原则，让孩子们的生命中始终有书香，孩子们就会借由一本本好书搭建而成的阶梯，找到生活的乐趣、人生的方向。

可能是读书多的原因

哲哲读小学二年级时，写过一篇作文。他是这样写的：

> 忽然，我看见前面一个人也没有（因为大家都往后退），我的腿直打哆嗦，手心冒了很多汗，心里好像有一颗炸弹，只要往前走一步，这颗炸弹就会爆炸！于是，我悄悄地走近了大shā[鲨]鱼，又退了几步。我又想起被jiá[夹]到的同学都说不疼，我才把手伸到大shā[鲨]鱼的嘴里。我按了一颗牙齿，立刻把手缩了回来。大shā[鲨]鱼没有yǎo[咬]到我，我觉得世界都平静下来了。

短短的一百多个字，写出了他内心的丰富变化。我很好奇哲哲是怎么写出这篇作文的，他告诉我："爸爸，也没什么，我就是怎么想就怎么写。""有的人想得好却写不出来，你怎么就写出来了？"我询问道。"可能是因为在我小的时候你给我读了很多书吧。"哲哲欢快地说道。

的确，从哲哲不到两岁开始，我便每天给他读绘本，整个幼儿园三年，他几乎每晚都与经典绘本相伴。等到他上了小学，我开始给他读桥梁书、儿童文学，慢慢地他算是名副其实的小书虫了，经常和我聊书中的故事。

爱阅读、读书多的孩子，不仅作文写得好，语文成绩也不会太差。2017 年 5 月 22 日，浙江省教育厅公布了一份基于大数据的中小学教育质量报告，其中的数据很令人深思。报告中说，“一年内读完 9 本及以上课外读物的学生，比读完 2 本及以下的学生阅读成绩高 36 分，这相当于多接受一学年教育。”教育部基础教育质量监测中心的首席专家刘坚说：“我们发现，家庭藏书在 100 册以上的学生，不管家庭经济状况如何，成绩普遍高于其他学生。”

首席专家的判断应该是符合客观事实的。从哲哲的阅读经历来看，与从不读课外书的孩子相比，读书的孩子识字量更大，视野更开阔，想象力更丰富，甚至逻辑推理能力也更强，这些都对读懂考题要求、增强信息提取能力、提高考试成绩大有裨益。回望历史，那些从小生长在书香家庭的孩子，诸如钱钟书、梁思成、陈寅恪、汪曾祺等，都有着博览群书的习惯，并在阅读中培养了触类旁通、独立思考的能力。书籍尤其是经典书籍，就像一位和蔼可亲、博学多才的教师，能把孩子领到大海边，使其“始见沧海之阔”。

与那些从小就泡在补习班、培训班的孩子相比，爱读书、读书多的孩子应该说更有发展潜力。我想，如果教育部基础教育质量监测中心能多年跟踪家庭藏书 1000 册以上的孩子，调查了解其大学毕业之后的学习和生活状况，多半会发现他们成功成才的概率更大，幸福感和成就感也更多一些。而这些都是阅读的力量，是读书带来的结果。写出《人生的枷锁》《月亮和六便士》等名作的英国小说家威廉·萨默塞特·毛姆曾说过：“养成阅读的习惯，就是给自己建造一个庇护所，这样可以避开生活中几乎所有的痛苦。”

如果教师希望学生成长得更稳健，未来更精彩、更幸福，真正提升人生的高度，就可以从增加班级藏书量开始，从让学校图书馆更开放开始，从改变自己的阅读观开始，从做好师生共读开始，努力做到课上与课下、课内与课外、学校与家庭相结合，让学生亲近经典，将阅读当成一种生活方式。

需要指出的是，家庭藏书数量并不是最关键的指标，藏书质量才是。而且，1000册也不见得是一个多么理想的标准。要是这1000册藏书绝大多数是家长根据自己的阅读偏好购买的，抑或是快餐读物，那么它们对学生成长所起的作用还是有限的。儿童在成长过程中最需要的是与自己年龄、性别、爱好相契合的经典童书，儿童需要被绘本、桥梁书、儿童文学、科普书、历史书等一系列图书滋养。在一个个温暖的故事、优秀的人物的影响下，儿童会尝到阅读的甜头，并找到自己的人生方向。我判断一所学校好与不好的标准，不是看学生的成绩好不好，不是看学校的管理是否到位，而是走进班级看教室里是否有精心设计的图书角，图书角的藏书是不是与班级学生的年龄相契合，学生读完书之后是否有展示和交流的空间。如果班级图书品种丰富，且都是经典作品，教师经常留出时间给学生读书、讨论，这个班级就是有发展潜力的班级，这所学校就是令人尊敬的好学校。

要是说孩子需要从小培养什么能力，那么我以为不是快速解题、死记硬背的能力，而是阅读能力、运动能力和交际能力，其中尤以阅读能力需要及早培养。我们应通过亲子共读、师生共读等形式，让孩子在经典童书的浸润下，一步步拾级而上，领略世间的别样风景。在培养孩子方面，父母与其费尽心思为孩子买学区房、择名校、报天价培训班，还不如积极提升自己、营造良好的家庭阅读氛围，这样做可能更有成效。教师与其让学生每天背诵、写字、做题，不如留出一部分时间，和学生一起安安静静地读上几本经典童书。从长远来看，阅读对孩子的习惯培养、健全人格的养成影响更大也更深远。

有位儿童文学作家曾说，只有童年读的书，才会对人生产生深刻的影响；孩提时，所有读过的书都是预言书，它们会告诉我们有关未来的种种。经典童书就像哈利·波特的魔杖、阿罗的彩色笔一样，具有神奇的魅力。让童年亲近童书，让童书陪伴童年，依然任重而道远，教师需要采取实实在在的行动，在班级推广阅读，尤其是经典童书的阅读。

推荐的书单不能不靠谱

每到暑假，各种书单便满天飞。

一天，我在微信朋友圈看到不少学校发布了暑期阅读书单。细细浏览后我发现，很多书单缺少斟酌，更像是照搬了某培训机构开出来的书单。哲哲看了某份书单后，笑着告诉我："爸爸，这份书单也太不靠谱了，你看欧·汤·西顿的《狼王洛波》被写成了'狼王洛皮'，比我还粗心呢！"

不管是在编辑还是在校对的某个环节出了问题，如此缺少责任心的书单，对孩子的帮助有多大我们可想而知。实际上，许多看上去很完美的暑期书单，都存在这样那样的问题：有的书单冠以名校推荐，如《你所不知道的斯坦福暑期书单》；有的打着"学霸""状元"的名号，好像学生读完这些书立刻就能变成"状元"一样；有的书单标注其具有立竿见影的奇效，如《有了这份暑假书单，妈妈再也不用担心孩子沉迷"农药"啦》；有的书单推荐的书籍门类很全，人物传记、文学读物等一应俱全，但书籍基本上是同一家出版社的，有明显的推销嫌疑和商业味道；有的书单中几乎都是四大名著、国学经典、红色经典等，而富有童真童趣的经典童书则少得可怜。

的确，暑假是孩子阅读的大好时期，但是，暑假该读什么书？什么样的书单才是好书单？好书单应该具备哪些要素？书单的"拿来主义"是否可取？这些问题都需要我们好好思考。虽然每个人的阅读偏好不同，同一本书对不同的人影响不一样，关于何为好书单并无定论，某种程度上也并没有一劳永逸、完美无缺的书单，但是由于学生认知不够成熟、阅读能力有限，在阅读的起始阶段，尤其是对小学低年级的学生来说，他们确实需要阅读引导，需要靠谱的书单来开拓阅读视野，奠定精神底色，帮助其走好最初的阅读之路。

哲哲曾给我讲过他眼中的好书单："爸爸，我觉得好书单，首先是书名不能写错，不能出现'狼王洛皮'那样的明显错误。此外，跟书有关的信息应该全面一点儿，比如作者、出版社、出版时间都要有，这样大家就不会借错书或买错书。好书单还要保证所列的每一本书都是好书，最好是读者一读起来就放不下，像'猫头鹰王国'系列、'绝境狼王'系列、'波西·杰克逊'系列那样的书。书单中的书还要贴近小孩的爱好，像我爱看昆虫类图书，给我的书单里一定要有'酷虫学校'系列以及像《昆虫脸书》《法布尔昆虫记》《昆虫Q&A》之类的书。好书单提供的书还要新一点儿，这样书里的知识都是最前沿的，那样可能好一些……"

哲哲说的这几点我都赞同，我感觉他都说到了点子上，也符合关于好书单的经典性、针对性和趣味性原则。在我看来，好书单最为要紧的是，推荐者要怀有对儿童的诚意和对童书的敬意，了解孩子认知和成长的普遍规律，熟悉童书发展的历史，脑子里存有大量的经典童书。除此之外，推荐者还要了解被推荐者的情况，如性别、年龄、个性和阅读水平等，即把握普遍的阅读规律背后隐藏的特殊规律。换句话说，这份书单应该是量身定制、按需配方的，推荐者在制作书单时眼里应有特定的读者，并在阅读指导上有明确的方向。同时，书单里最好有推荐图书的版本信息，并附有推荐理由、阅读方法和参考书目。这样才能帮助读者多了解这些书，勾起读者的阅读欲望，并潜移默化地影响他们的心性成长。

书单不能一列了之，如果有可能，教师最好和学生聊聊书。列书单虽然不同于开药方，但两者有相似之处，就像医生开药方之前会先询问病情一样，教师列书单之前，不妨多问问学生的兴趣爱好，多想想学生的个性特点，有选择、有目的、有预期地列书单，并在学生阅读后与之交流一番，了解学生的阅读层次、收获及遇到的问题，这才是负责任的推荐方式。从这个角度看，能列出学生真正喜欢的书单的人，其实并不一定是那些专业、资深的阅读推广人，而可能是真正爱阅读的教师和家长。因为只有他们才最了解孩子有怎样的认知水平、孩子有哪些爱好，知道他们最欠缺什么、最需要什么，并能在阅读过程中给予适时的鼓励和有效的帮助。

如果学生对某本书青睐有加，教师就可以引导学生按图索骥，主动寻找该书作者的其他作品，也可以找同类题材的其他经典作品。教师对书要有一种敏感度和辨别力，而提高敏感度和辨别力的唯一方法就是多读书，广泛地读书。

教师应成为学生生命中的朗读者，和学生一起通过多种方式走进书里的世界，发现经典之奥妙。受到经典书籍浸润的孩子注定会不一样，就像吴非老师所说的："一个人成年后的精神追求，主要还在于个人的读书与修炼。幼年时广泛的阅读，接受文化熏陶，潜移默化之中，心中有了正义和善良的种子，在少年时，在青年时，得到了滋养，萌芽了，成了一棵长得笔直的树——除非有灾难性的砍伐，否则它不会倒下。"

教师和学生不妨甩开满天飞的各种书单，列出属于自己的成长书单，去体验文字之美、阅读之乐，那样才算在阅读世界里真正"入境"。

因为我，他们爱看书了

小学五年级下学期，哲哲所在的班级在班主任的组织下，开展了为期三个月的阅读活动。班主任组织了小说、文学、科普和历史四个小组，让学生根据自己的阅读兴趣选择小组。哲哲选择了科普组，“因为更喜欢昆虫”。每周一上学时，他都会拿一本“酷虫学校”系列的书到学校，说是要和同学们分享。

一天放学时，哲哲兴奋地告诉我：“爸爸，我带的书很多同学都抢着看，都排到下个月了！”“什么排到下个月了？”“就是想看这本书的同学太多了，他们得等排在前面的同学看完，才能轮到。爸爸，你知道吗？我们班现在掀起了昆虫类图书的阅读热潮呢！”“这些书这么受欢迎，是因为你吗？我记得你说过班里没几个人喜欢虫子呀！”“当然是因为我，他们变得爱看书了。而且呀，我不仅借书给他们看，还给他们讲解与昆虫相关的知识呢……”“嗯，你真是同学们的阅读榜样！”“爸爸，我给同学们讲昆虫的时候，有人说我像小明星呢！”小家伙一脸得意，又跟我详述了一大堆细节。

作为阅读推广人，我一直希望每所学校都有琅琅读书声，每个家庭都有浓浓书香气。没想到哲哲成为班级里的阅读种子，他带领越来越多的同学走上了阅读之路，且影响力似乎比我的更大，这让我非常欣慰。

哲哲的经历让我认识到，每个人都可以成为阅读种子，每个班级、每所学校都需要这样的阅读种子。我们应该提供多样化的平台，让阅读种子一点点冒出来，影响更多的学生。随着年级的增长，学生同伴之间的影响逐渐大于父母的影响。英国心理学家鲁道夫·谢弗曾说过，在所有文化中，儿童花了很多时间和他们的同伴在一起。从很早开始，他们就更多地和小同伴在一起，而不是和成人伙伴，伙伴关系对儿童的行为和思想的形成有很大的影响。

阅读种子的力量是巨大的。一旦班级、年级乃至学校拥有真正的阅读种子，就像在湖里投入一颗石子一样，荡开的涟漪将会产生连锁效应，会有更多的学生被吸引到阅读之中。因此，教师与其费力地硬性要求学生必须读什么书、读多少书，抑或写多少读书笔记，不如充分发挥同伴影响的心理效应，从培育班级里的阅读种子、学校里的阅读榜样开始，这样做定会事半而功倍，效果也更明显。同时，教师应有意识地创造学生自主阅读的空间，给阅读种子更多的展示机会，这样也会吸引越来越多的学生加入阅读大军。

中小学阶段是为人生奠基的阶段，也是培养学生阅读习惯的关键时期。就像种庄稼一样，一旦错过了时令，便无法弥补。当前很多学校在阅读上存在一个误区，很多教师以为教语文就是教生字词、写作文，过于强调考试技能的培养，而对学生的语文素养、阅读能力等重视不够。至于阅读，很多教师认为是教学之外的事，锦上添花而已。殊不知，从近年来的中考和高考命题趋势来看，阅读素材越来越宽泛，题量越来越大，非常考验学生的速读能力、信息提取能力和材料组织能力。此外，提高学生写作能力的路径，并不是大量背诵范文，掌握写作套路，而是大量阅读。

阅读做好了，有益于学生综合能力的发展，有益于学生其他学科的学习。而做好阅读，比较讨巧的办法是，教师有意识地培养几个阅读带头人。这是因为，逐渐进入青春期的孩子越来越看重群体中意见领袖的一言一行，每个班级也的确都有若干个比较突出的优秀学生，他们影响着班级的气场与氛围。如果班里的意见领袖成为领读者，发挥着积极的作用，他们就能改变班级的阅读生态。

例如，哲哲很喜欢阅读与昆虫相关的图书，在我看来他就是“小法布尔”。有一天，我的办公室里不知从哪里爬出一只长着剪刀形状尾巴的虫子。我不知道这只虫子姓甚名谁，于是用手机拍下来请小家伙鉴定。放学的时候，我请他鉴定，他只看了一眼照片，便果断地说：“爸爸，你看它尾部像剪刀一样，它叫蠼螋，也叫耳夹子虫。有人说它能爬到人的耳朵里，其实是骗人的。你知道吗？蠼螋的成虫大约长两厘米，卵孵化时间比较长。它吃一些面包屑、馒头渣等食物，所以对人没有什么威胁……”哲哲如同昆虫专家一般娓娓道来，让我受用不尽。小家伙还告诉我，在学校里经常有同学像我一样，问他草丛里的某只虫子是什么昆虫。

越来越多的事实证明，在班级阅读尚未蔚然成风的情况下，教师可以顺应学生的生活经验与天性，让学生自主阅读。这样做自然而然会催生出一批阅读种子，进而带动那些未养成良好阅读习惯的同学，使班级阅读进入良性循环的状态。这种方法，美国教师唐琳娜·米勒用得游刃有余，且效果显著：她在接手每一个新班级时，总是习惯性地首先对学生进行问卷调查，了解每个学生的家庭阅读情况、个性爱好和读书经历等，然后有针对性地向学生推荐书籍。久而久之，她班里的调皮鬼都慢慢成了“小书虫”。

在一次班级读书会上，哲哲借助幻灯片为科普组同学上了一堂昆虫课。他从瓢虫、蜜蜂、螳螂、田鳖、蜻蜓等的特点，一直讲到怎样饲养昆虫和爱护环境，有故事有插图，有观点有思考，讲者和听者都觉得很带劲儿。在我看来，这是理想的读书会，也是最好的阅读方式。如果越来越多的学校开展班级阅读活动，让越来越多的孩子自信地站在同龄人面前，让孩子们在展示少年风采的同时，成为一颗颗有价值的阅读种子，校园就会书香自充盈。

不能各读各的

在许多人眼中，家庭阅读是家庭内部比较私密的事情，与学校阅读相比，无论是在阅读氛围还是在阅读形式、阅读内容上，都有很大的不同。

具体来说，家庭阅读是自在放松的，父母和孩子想在哪个角落读就在哪个角落读，怎么舒服就怎么读，在被窝里、沙发里，甚至在厨房、洗手间，都可以读上一段。阅读时，亲子之间既可以一本正经，也可以插科打诨；既可以声情并茂，也可以通过唱歌、绘画、表演等形式将阅读变成一种纯粹的游戏。阅读的内容也不必拘泥于某一类题材，屎尿屁等主题的内容也完全可以肆无忌惮地读出来、聊起来。但在学校，这种随心所欲的阅读显然行不通，班主任会提出阅读要求，以及明确的阅读目标和读后任务。

家庭阅读与学校阅读的确有区别，但这并不意味着两者势成壁垒、互不往来。我跟哲哲讨论过这个问题，小家伙的看法是，“学校和家虽然是两个地方，但我还是我呀，不能因为学校和家不一样，我在学校里和家里就要读不同的书，否则，我还不得分裂呀！”虽然是充满孩子气的话，但是道理确实如此。学校和家庭理应形成合力，而不能各自为政、各搞一套。家庭和学校互不配合、各自为政的后果，就是孩子无论是在学校，还是在家里，都不爱读书。

实际上，家庭阅读与学校阅读有许多共同点：一是目标相同，都是为了呵护孩子的阅读兴趣，将其培养成终身读者；二是学生都需要阅读指导，不管是父母还是教师，本身都应是爱阅读的人，相信阅读的力量，其阅读指导能力越强，对孩子的助力越大。学校阅读和家庭阅读有效结合，对提高孩子的阅读兴趣和阅读能力将会大有裨益，但前提是发挥各自的优势：家庭阅读的特点是自由、舒适；学校阅读的特点是目的性强，且有良好的同伴交流氛围。

要想做到学校阅读与家庭阅读有效结合，教师和家长需要在阅读的侧重点上各有分工、各司其职：在家里发挥无拘无束、亲子交流的优势；在学校发挥同伴讨论、教师引导、主题学习的优势。同时，教师和家长需要在教育理念上达成共识，他们都要关注孩子正在读什么、是怎么读的，并且考虑能在哪些方面予以有效引导。

除此之外，还要做到以下几点：一是阅读书目的对接。无论是学校还是家庭，都要尊重阅读的黄金定律，即什么年龄段的孩子读什么书。尤其是在孩子上小学后，因为他们正处于打基础的阶段，所以我们更要让孩子在有限的时间内读符合其兴趣爱好、阅读能力的经典童书。部编版小学语文教材选录的文章不乏名家名篇，如小学六年级语文教材收录了《鲁滨逊漂流记》《骑鹅旅行记》《汤姆·索亚历险记》的节选文章，家长可以带孩子去找原著，进行整本书阅读。《汤姆·索亚历险记》的姊妹篇《哈克贝利·费恩历险记》也是非常好读且非常经典的图书，值得家长带孩子进行拓展阅读，进一步感悟大师的文字魅力。由于时间关系，课堂上教师的讲读毕竟有限，这就需要学生在课下尤其是在家庭中多阅读相关作品，深入学科阅读，完善知识结构。

二是学习主题的对接。当前小学语文教材是以主题单元的结构编写的，即每个单元设定一个主题，如动物小说、亲情故事、同伴关系、科普知识或有关鲁迅、风景、送别等方面的内容。这些主题往往围绕所在年级学生的心理和认知特点展开，是有规律可循、有据可依的，因此可以作为家庭亲子共读的参照。例如，部编版小学五年级语文教材选录了许地山的《落花生》和冯骥才的《珍珠鸟》，这两篇文章都属于经典散文，都蕴藏着追求美德的主题。《落花生》描述了一家人收获花生时的情景，通过主人公谈论花生的好处，借物喻人，赞美花生不图虚名、默默奉献的品格，借以告诫学生“要做有用的人，不要做只讲体面、而对别人没有好处的人”的道理，表达了作者不为名利、立志奉献社会的人生理想和价值观。《珍珠鸟》描绘了在一丛绿意盎然、充满生机的吊兰下的一只鸟笼里，珍珠鸟与作者交往的情境，谱写了一曲人与动物之间爱的颂歌，表达了“信赖，往往创造出美好的境界”的观点。

小学高年级的学生大多已经有了较强的文字品读能力，能从字里行间感知优秀作品的优秀之处。而散文是让学生提升审美能力、文字感悟能力和写作能力的理想素材。事实上，语文教材中的经典散文往往是在小学中年级之后才开始出现的，背后是编者对儿童的认知特点的尊重和阅读规律的认识。因此，家庭不妨配合小学语文教材，多让孩子读经典散文。在这方面，巴金、迟子建、李娟、沈从文、贾平凹等的散文作品都是不错的选择。如果家长在孩子的散文阅读、心性培育上多用心，就能帮助孩子感悟汉语的魅力，提高其写作能力。

三是与学生现实生活的对接。在长期的阅读实践中，我发现，说教式的德育很多时候是无力的，无法真正改变孩子的行为，更不能让孩子认识到自己的错误。而阅读很多时候能触及德育所无法触及的问题，解决孩子在学校里遇到而在家里无法解决的成长难题。例如，小学新生刚入学时，可能对学校生活不适应。这时，家长带孩子读一读王淑芬的“君伟上小学”系列、北猫的“米小圈上学记”系列、黄宇的“哈皮皮快乐成长”系列，都有助于缓解孩子对学校生活的紧张乃至恐惧心理。因为这些作品的语言都非常幽默，能让孩子在笑声中找到与同学交往的乐趣，增强与同伴的互动交流。或者，孩子可以将自己变身为张君伟、米小圈、哈皮皮，从他们身上学会与教师、同学相处的技巧，学会如何写作业，如何利用学校教育资源等。从某种程度上来说，这类书籍既是愉悦身心的故事，也是学校生活指南，借助一个个细节，孩子能按图索骥，顺利开启全新的学校生活。

四是借助阅读提高学习能力。从我的经验来看，孩子的学习不可能仅靠教师一招一式地教，还需要家长通过多种方式来提高孩子的学习能力。其实，那些成绩优秀、素质全面、能力突出的孩子，往往是良好的学校教育和家庭教育合力作用的结果。提高孩子的学习能力，虽然说有很多种途径，如上培训班，参加夏令营、冬令营等，但是更可取、最有效的途径是阅读。例如，学生从小学一年级开始就接触古诗词，但如果仅靠在校时间学习古诗词，学生积累的古诗词数量就难以达标，鉴赏能力也不会快速提升。因此，家长需要为孩子选择合适的古诗词入门书，如夏昆的《给孩子读唐诗》《给孩子读宋词》、李一慢的《读给孩子的古诗文》、常青藤爸爸的《教孩子唱学最美古诗词》等，都是非常靠谱的选择。久而久之，孩子不仅会对古诗词感兴趣，古诗词理解能力得以提高，也会慢慢掌握学习古诗词的门道。

好的教育是为孩子的成长铺路，让其兴趣爱好得到最大程度的发展。父母除了要呵护孩子的兴趣，还要多鼓励、支持孩子，不只是为其买一些经典书籍，还可以寻找优质教育资源，促进孩子完善知识结构，提高观察力、分析力，活学活用，长久受益。尤其是随着年级的升高，孩子是否有较强的学习能力，是未来能否成才的关键。

以哲哲为例，2014年暑假，他从微信公众号上看到北京市顺义区在举办宠物展，便央求我带他去看看。活动那天，他和几个同学一起走进展馆，观看了他喜欢的各种名犬。在拍照合影之余，他还和卖家攀谈起来。卖家惊叹于他知道那么多跟狗有关的知识，他们聊得甚欢，临走时还相互留下联系方式。在爬虫展馆里，他又跟卖蜥蜴的老板大侃特侃，我很奇怪他什么时候积攒了那么多知识，简直就像一座移动的昆虫图书馆。在看《疯狂动物城》时，哲哲看完了中文版和英文版的电影之后，郑重其事地告诉我，中文配音不怎么样，而且有一个知识性错误。原来，在中文版电影里，兔子朱迪从警校毕业后，被安排到穿山甲公寓工作，但为朱迪打开宿舍门的管理员却是地地道道的南美洲动物——犰狳。他对我说："爸爸，穿山甲和犰狳不是一种动物，虽然都能滚成球，但犰狳身上的盾片跟穿山甲的大小不一样，它们生活的地区也不一样。穿山甲生活在东南亚，犰狳生活在南美洲，它们分别属于不同的科……"

哲哲之所以有这样的学习能力，是因为他在小学阶段喜欢阅读知识类读物，他喜欢看与动物有关的文章、纪录片，慢慢地他的视野逐渐打开，心胸逐渐开阔。在尝到了阅读的甜头及钻研的乐趣后，他从动物爱好者成为名副其实的"动物百科小专家"。

努力提升孩子的阅读兴趣与阅读能力，是学校和家庭应该达成的共识，也是双方应该共同采取的行动。一方面，家庭要尊重学校的阅读策略，围绕课程标准和教材内容，适当扩展孩子的阅读视野，如此，既有助于培育真正的读者，也能提高孩子的学业成绩；另一方面，教师应为学生做好阅读方法指导，搭建宏观的阅读框架，梳理各个门类的阅读要点，在学科教学中渗透多读书、读好书的理念，并引导家庭做好亲子共读。

只有变“各读各的”为家校共育终身读者，家庭和学校的教育面貌才会彻底改观，进而实现双赢，如此，好的教育便会随之而来。

这样读名著不太好吧

上了初中后，哲哲的学业压力比较大，原本充裕的阅读时间似乎一下子变少了。

一有时间，他就跟我借人民文学出版社出版的“中国古典文学读本丛书”中的《西游记》。开始我以为他忙里偷闲看书，觉得这是件好事，后来我发现，他看书时不是一页一页地翻看，而是跳着看。我不解其意，问他：“你最近为什么这么热衷看《西游记》？是因为小人书没有看够，要看整本书吗？”“哎呀，不是，我们考试要考，老师还让读完以后出10道题，不出题要扣分的。”“那别人看书都是一页一页地看，你怎么跳着看呢？”“没时间哪，一页一页地看哪能看得完！”过了一会儿，我问哲哲：“你出的是什么样的题？”他没有正面回答我，而是拿过手机，给我看老师的作业要求：

> 大家别忘了打卡，另外今晚9点前，上交你根据本周阅读的《西游记》所出的闯关题。因为之前大家上交的文档命名混乱，且电脑系统各不相同，我收到的很多文档无法打开，所以今后统一改为直接发微信给我（可以先用电脑在word文档里打字，然后登录网页版微信把文档发给我）。格式如下：

×××12月3日闯关题

第×回～第×回

1. 美猴王学的是（ ）和（ ）。

A. 三十六变　B. 七十二变　C. 筋斗云　D. 飞举腾云

答案：B C

2. 唐僧的大徒弟是____、二徒弟是____、三徒弟是____。

答案：孙悟空、猪八戒、沙僧

“喏，我出的题就是这些。”哲哲噘着嘴说。10道题分别如下：

哲哲12月3日闯关题

第一回～第十四回

1. 金箍棒是哪个龙王的宝贝？

A. 东海龙王　B. 西海龙王　C. 南海龙王　D. 北海龙王

答案：A

2. 白龙马是哪个龙王的第三个儿子？

A. 东海龙王　B. 西海龙王　C. 南海龙王　D. 北海龙王

答案：C

3. 白龙马因为犯了什么错误而被惩罚？

A. 因为不写作业　B. 因为烧毁了玉帝赐予的明珠

C. 因为不服从命令　D. 因为说了玉帝的坏话

答案：B

4. 是谁跟孙悟空打了个平手？

A. 太上老君　B. 托塔天王　C. 哪吒　D. 杨戬

答案：D

5. 第十四回之前，孙悟空都有哪些称谓？

A. 美猴王　B. 齐天大圣　C. 弼马温　D. 斗战胜佛

答案：A B C

6. 玉皇大帝最初派谁来擒拿孙悟空？

A. 二郎神　B. 王母娘娘　C. 牛魔王　D. 巨灵神

答案：D

7. 二郎神杨戬跟天上哪个人有亲戚关系？

A. 二郎神　B. 王母娘娘　C. 牛魔王　D. 东海龙王

答案：B

8. 哪吒是谁的孩子？

A. 王母娘娘　B. 托塔天王李靖　C. 嫦娥　D. 弥勒佛

答案：B

9. 孙悟空被压在了哪座山下？

A. 泰山　B. 五指山　C. 五行山　D. 花果山

答案：C

10. 孙悟空偷吃了谁的仙丹？

A. 王母娘娘　B. 托塔天王　C. 太上老君　D. 玉皇大帝

答案：C

这些题目有的答案看着非常好笑，我问哲哲："你觉得这样读《西游记》有收获吗?""我也说不好，反正读的时候，不像看其他书那样能沉进去，老得想出什么题。""假如你是语文老师，你会这样做吗?""我呀，应该不会，这样做太浪费时间了。爸爸，你知道吗？我出这些题花了一个晚上的时间，一个晚上我可能都读完一本书了。""如果你是老师，你会怎么给学生留阅读作业呢?""我呀，会告诉学生，愿意写作文的就写一些读后感，不要求字数。不愿意写作文的，上课的时候就聊一聊喜欢哪个情节、哪个人物，或者给大家朗读一段也行。愿意改写或者画画、做海报的，也可以，只要是自己做的就行……”

学生到底该怎么读名著，目前在中小学似乎没有定论，但哲哲的这番话让我思考良久。

以分数为衡量标尺的考核方式是一根指挥棒，学校教学往往随着指挥棒走，升学考什么，教师教什么，学生学什么。数学如此，语文也是这样，好端端的名著就这样被肢解，没有了名著的色彩。如果吴承恩知道今天的小朋友天天牢记“猪八戒的耙子有几个齿”“盘丝洞里到底有几个蜘蛛精”“白龙马是哪个龙王的儿子”之类的问题，恐怕要崩溃了。很显然，肢解名著，或者把名著简化为一道道问答题，看似考核变得容易了，其实违背了阅读名著的初衷。

坦率地说，即便学生记住了这些问题的答案，又能如何？纠缠于细枝末节，只会局限学生的视野与格局，让学生与名著的美失之交臂。的确，四大名著作为传统文化的精华，学生到了中学阶段是应该深入阅读的，但是，怎么读四大名著是有讲究的，如果引导不当，如日本绘本之父松居直所言的“设下重重障碍”，就会适得其反。

以问题为导向是阅读的一种方法，但不是唯一的方法，更不是最适合阅读四大名著的读法。相反，像哲哲所说的那样，只有在阅读整本书之后，再回头了解《西游记》的情节设计，回味作者对各个人物的塑造，考虑作者对西游路线的考量和“八十一难”的设计，才会发现这部作品的伟大与精彩之处。

哲哲读小学二年级时，我为他读的是小人书版本的《西游记》。当时我们没有设置那么多问题，但会就某个问题停下来讨论一番，例如，某某妖怪有什么绝招？怎么对付才好？如果你是孙悟空，会怎么办？猪八戒在这个团队里起什么作用？尽管哲哲说的也不完全正确，但这种没有标准答案的、发散式的、注重考查想象力的讨论，本身是符合阅读规律的，而且能激发孩子的阅读欲望，是让孩子亲近名著、爱上名著的有效方法。

也许有的教师认为，在一道道知识性试题的指引下，学生能更好地进行文本细读。但我觉得，这算不上什么文本细读，更多的是文本肢解。文本细读是在掌握整体文本的基础上，从某一角度解读文本，以培养学生的观察、反思和联想等能力。换言之，文本细读的基本特征是以文本为中心，强调文本自身是一个自足独立的存在，强调文本语言和思想的关系，认为文本语言的功能和意义可以体现在意思、感情、语气和意向等四个方面。如果准确把握语言的这些要素，我们就能够解读作品的意义。文本细读重视语境对语义分析的影响，不会离开语境来讨论问题。文本肢解则是以考试为目的，可以在不读整本书的前提下，不具体细读文本的基础上，让学生死记硬背一些答案，与真正的名著阅读乃至阅读本身相去甚远。

由于应试的需要，中学阶段的阅读固然有一定的功利性，但这应该是建立在欣赏和品味作品基础上的功利性，即应试只是阅读的副产品。帮助学生丰富情感、开阔视野、追求美好、做好人生规划、叩问内心世界，最终把他们培养成敬畏书籍的终身读者，才是名著阅读的根本目的。而肢解名著一方面会改变学生对经典名著的印象，另一方面也会败坏学生的阅读兴趣，如此无聊的阅读方式，真没必要再继续下去了。

2009 年 4 月，我在某新书发布会上采访了首都师范大学的段启明教授，他告诉我："中小学生的自我判断能力尚显不足，对经典名著不严肃的解读容易让学生断章取义，让经典屈从我意。因此，解读名著应有个底线，即趋于审美而不是审丑的，应从思想上重视经典名著的历史地位，对经典要有最起码的尊重。这需要教师进行必要的引导，特别是关乎价值观方面的内容，教师要明确告知名著的教育作用、名著所承载的历史和思想价值，同时尽量鼓励学生阅读原著，尽量维护名著的原貌……”

我很赞同段老师的观点。语文老师不要局限于应试训练，要引领学生首先做好整本书阅读，然后再回过头来细细品味文字及文字背后的深意。至于《西游记》之类的古典文学名著，不如首先从名著丰富的内涵入手，运用思维导图等方式，一点点建构起对书中人物、事件的整体认识，然后再细细品味某些细节。如此这般，也许更符合经典作品的阅读之道。

连环画值得多看看

一篇新闻报道引起我颇多回忆。

报道中说，2017 年 4 月，沈阳市沈河区北一经街小学举办了一场特殊的读书活动——小人书收藏爱好者王老师带着 100 多册小人书参与“书香校园共同缔造”活动。这些书多数是 20 世纪 70 年代出版的，已有 40 多年的历史，甚至比一些小学生的父母还要“年长”。虽然这些小人书“字少没彩色”，但孩子们还是很喜欢。

我跟哲哲分享了这条新闻，问他是否还记得小时候读小人书的经历，他微微一笑：“当然记得了，咱们不是读过《西游记》《岳飞传》的连环画吗？”“那你觉得连环画怎么样，好不好看？是不是每个小孩都应该读一读呢？”“当然了，连环画非常好，虽然他们跟《鳄鱼怕怕，牙医怕怕》《我爸爸》《公主怎么挖鼻屎》等绘本不太一样，但读着也会让人上瘾，还能学到不少知识呢！”说完，他嘿嘿一笑。

我问哲哲他的笑有什么特殊含义，他告诉我：“爸爸，现在老师让我们读《西游记》，但你知道我们的作业多，我根本没有大块时间读书，好在我小的时候你给我读过《西游记》的小人书，让我知道了其中的不少情节，考试才没丢分。你知道吗？有一次，语文考试就考了唐僧师徒四人坐着一个大乌龟过河时发生了什么。我记得是大乌龟生气了，把他们掀翻到河里，结果取到的经书都湿了，他们还在太阳底下晒经书呢。我们班的琦艾没看过书，就瞎猜说他们坐着大乌龟顺利过了河，被老师骂了一顿……”

读连环画帮助哲哲答对了一道题，这一点儿我倒没想到。不过，对很多家长来说，连环画的确是童年美好记忆的一部分，是用来作为谈资而不是考试的必备图书。许多“60后”“70后”乃至“80后”，都是在《三国演义》《杨家将》《说唐》《水浒传》《包公案》《五鼠闹东京》等故事中度过童年，并由此爱上阅读的。

遗憾的是，我到很多学校去采访时，发现只有很少一部分学校有专门的绘本馆，更不用说藏有好看的连环画了。2005年以来，绘本尤其是国外绘本被大量引进，在许多城市掀起了阅读热潮，连环画却渐渐被人遗忘。在一些组织或个人的推荐书单里，往往只有绘本、儿童文学或科普书。在一些家庭里，甚至出现只读国外读物的极端状况。其实，学校是应该有点儿连环画的。童年的阅读应该门类多样、题材广泛，只有这样孩子才能看到不一样的世界，了解到除了教材之外，还有很多好玩的传统文化读物值得阅读、品味。

连环画对儿童而言有着独特的意义。它虽然与绘本、漫画等相似，但它是个性不同的读物，在开本大小、文图关系、阅读感受上有着自身的独特之处，能吸引儿童去阅读。不同的读物有着不同的营养，都能帮助孩子成长。换言之，诸如荣获凯迪克奖、凯特·格林纳威奖等国际大奖的国外作品固然要让孩子读，但国内原创的经典小人书、儿童文学、诗歌、民间故事等也应列入孩子的书单。

与国外绘本相比，我国的连环画有着强烈的中国特色，它们讲述的是回味无穷的中国故事。像《西厢记》《聊斋》《铁道游击队》《渡江侦察记》《大刀王五》《猪八戒吃西瓜》《骄傲的将军》等我小时候百看不厌的连环画，除了能让今天的学生领略精彩的故事外，还能让他们在无形中触摸到久远的传统文化，学到历史、地理、军事等方面的知识。

在国家大力提倡弘扬传统文化的当下，连环画阅读对于重拾传统、提升文化自信等都大有裨益，应该成为校园阅读的一部分。连环画看似不起眼，却能发挥四两拨千斤的作用，能启发学生对某些门类的知识产生兴趣，走向更为宏阔的阅读天地。例如，许多学生在读过连环画版的《三国演义》后，会逐渐转向阅读文字版的三国故事，进而阅读更多的历史书籍。况且连环画的题材多样，从中国古代四大名著、神话传说、民间故事到传统经典故事，再到家喻户晓的当代小说改编作品，一应俱全，它们完全能满足学生的阅读需求。

从图文结合到纯文字，从简单到复杂，从一段历史到贯通上下五千年，一步步拾级而上的阅读旅程，符合儿童阅读的黄金定律，不仅能完善学生的知识结构，也是提升学生阅读能力的重要方式。教师重视连环画的价值，巧妙运用连环画来撬动学生开启更多种类图书的阅读，抑或利用连环画来营造书香班级、书香学校，不仅能使优秀传统文化得到延续，还能在学生心中悄悄埋下终身阅读的种子。

当下，许多学校尤其是名校，大多有着充裕的购书经费，因此学校不妨多买些感动过几代人的经典连环画。教师可以在课上或课下跟学生一起阅读，讲讲连环画的历史，谈谈连环画的分类，说说自己阅读连环画的难忘经历，或者跟学生一起玩创作连环画的游戏，自编自画一套班级连环画，这些都是有意义、有价值的教育行为，能让更多的学生对连环画有新的认识。

如果孩子们的童年有连环画做伴，他们长大后就会像父辈一样，在回眸童年时，心里装着满满的幸福。

爱读书的人不会只读外国的书

《半月谈》曾经刊发过一篇报道：中国孩子对美国的《贝贝熊》《大卫，不可以》、法国的《不一样的卡梅拉》、比利时的《玛蒂娜》、日本的《窗边的小豆豆》等比较“面熟”。从低幼启蒙阶段开始，从绘本、桥梁书再到科普读物，孩子们接触最多的是从国外引进出版的图书，“西餐”早已成为孩子们“餐桌上的主菜”。有人认为，“西餐”并非不好，但孩子主要吃“西餐”，了解圣诞节多于春节，喜欢面包超过饺子，热衷国外习俗胜过中国传统，是一种值得警醒的现象。如果孩子长期只读引进版图书，就会导致思想、价值观上的偏差。长此以往，文化自信从何而来？还何谈培育有根的中国人，何谈中华民族的伟大复兴？

这篇报道指出的问题反映了一些人的心声，看似有些道理，但我想问的是，孩子“只读洋书”是一个普遍的、客观存在的事实吗？出于图书出版历史和市场成熟度的原因，国外童书无论是品种还是品质，的确都有值得称道之处，这是我国近年来大量从国外引进童书的主要原因。比如，绘本最早是在英美等国家诞生并发展的，其发展历史比在中国早 100 多年，英美等国拥有先进的创作理念和成熟的制作技术，因此包括韩国、日本在内的很多东亚国家的孩子阅读的绘本都以引进版居多。在此大环境下，中国的孩子大量阅读引进版的童书也就不足为奇了。

“只读洋书”并非一个普遍现象。当下，很多青少年及幼儿在地铁、车站、餐厅等公共场所捧着手机玩得入迷的现象非常普遍，而捧着一本书如饥似渴地阅读的现象似乎还不普遍。可以说，当前青少年、儿童阅读的主要问题不是只吃“西餐”，而是阅读习惯没有养成，阅读总量太少，不读书的孩子占了多数，他们对电子产品的亲近程度远甚于童书。因此，当务之急是想办法培养和呵护孩子的阅读兴趣，首先让孩子爱上“吃”书，然后才是引导孩子“吃”什么、怎么“吃”。

我曾经问过哲哲：“你们班是否有同学只读外国的图书？”小家伙想了想，回答说“没有”，他还告诉我：“爸爸，我们班爱读书的那几个同学其实什么书都看，不分国内的还是国外的，只要是好看的书，他们都看。”“那你觉得小朋友只看外国的书好不好？”“也没什么不好吧，像《淘气包埃米尔》《猫头鹰王国》《永远讲不完的故事》那样的经典的外国书，我觉得看多少遍都没问题。”

以我的经验判断，哲哲的话是在理的。即便孩子只读引进版童书，如果选择的是经典读物，也没有什么不好。孩子的阅读需要有开阔的眼界、贯穿中西的视野，而不是只局限于某一类、某一国的读物。尤其是到了小学三四年级，孩子们开始由关注自己转向关注世界，他们希望了解更多外界的事物，在这个阶段我们需要提供优秀的读物来满足他们的需求，帮助他们达成目标。如果孩子有了较大的阅读量、较高的阅读能力，就不会只读引进版图书，而是会反观自己阅读结构中不完善的地方，自然而然地做一些中西文化对比，最后到中华传统文化经典那里寻找生命与生活的答案。

篇首的报道呈现了一个值得反思的事实：比起日新月异的童书出版，一些教育者的阅读观依然停留在过去，他们还没有把自己培养成与时俱进的读者，非常需要在观念上来一次“升级迭代”。近些年来我国的大量作家、画家、作曲家进入儿童文学创作领域，开始为孩子创作童书，本土原创图书特别是与传统文化有关的童书佳作频频出现。出版社非常乐意发掘本土优秀作家作品，中华传统文化作品呈现数量逐年增多、质量逐年提高的态势，这一点从各大阅读榜单上引进图书和原创图书的比例变化、国内获奖作家与插画家的数量增长可见一斑。媒体记者也好，童书出版人、教师也好，都要看到这种发展趋势，呼吁更多的人加入阅读队伍，而不是一味纠结于“孩子只看引进版读物好不好”这一伪命题。

阅读是学生成长中的大事，需要社会各界营造氛围，群策群力。教育者尤其是中小学教师需要走到阅读的内里，既要看到儿童阅读的发展规律，培育儿童积极的阅读观，又要通过分级阅读、学科阅读等给学生科学的阅读指导，把学生打造成终身读者。如此，学生就不会只读引进版图书，而会朝着打通古今、学贯中西的方向发展，终有一天会成长为一个有远大志向、博大胸怀的中国人。

回家还看书才是好学生

一天，我和一位小学校长交流。谈及学校开展多年的阅读活动，她表示遇到了瓶颈，活动难以推行下去。她说："现在最让我困惑的是，虽然读书活动举办了很多次，但是师生阅读还是处于被动状态。我好像越来越不清楚如何对师生的阅读状况进行评价，到底该如何建构系统的阅读评价体系了。"

其实，有此类困惑的校长不在少数，尤其是那些常年坚持开展阅读活动的校长。在诸如读书人物评选、世界读书日朗诵、学生着汉服背古诗、展示读书海报等招数用过之后，接下来该怎么开展读书活动，如何让师生自觉阅读，他们大多没有方向也缺乏头绪。于是，各种热闹的读书活动一结束，师生的阅读热情就瞬间消退，一切又恢复原样。

和其他教育评价一样，阅读评价也是一个难题。如何做到既科学、系统，又能调动被评价者的积极性？这确实让人很头疼。我能理解学校管理者需要一个评价机制或体系来考核学生的阅读成效，但问题是阅读真的需要全面而细致的考核吗？阅读能否与学业成绩区隔开来，成为一种自在的、快乐的、与生活浑然一体的存在？有人说阅读应该像呼吸一样自由，阅读应该成为一种生活方式。既然我们对呼吸和生活本身都没有系统的评价，那么我们又何必对阅读奢求太多？让师生享受阅读的过程而不看重阅读的结果岂不是更好？

回家后，我把校长的困惑跟爱人说了一遍。哲哲听到了话头，参与到我俩的讨论中。哲哲说："爸爸，我觉得读书活动真没必要经常举办，像我们学校的读书月，看上去很热闹，每个学生都要交读书笔记，但靖静、杉杉同学的读书笔记都是抄的……""那你觉得怎样做才能让学生都爱看书呢？""我觉得呀，课间或在阅读课上，老师和学生都安安静静地看自己想看的书就好了。"

哲哲的话整体上我是比较认同的。读书展示活动当然有开展的必要，它可以给爱阅读的学生一个展示的平台，让他们良好的学习习惯得到更多师生的认同和赞美，以发挥示范效应，但我们不能将阅读活动作为阅读的全部，阅读活动也不是阅读的终极指向，更不是衡量阅读效果的标尺。活动办得热闹，不能说明阅读扎实深入，更不能证明师生的阅读状况进入理想状态。阅读，尤其是小学生阅读，长远目标在于培育终身读者，关键在于呵护学生的阅读兴趣、激发学生的阅读潜能。

从现实角度讲，一个看上去完美的阅读评价体系并不是必要的，那些热闹的展示、评比活动也不是最值得提倡的。毕竟这些均需要学校投入大量时间和精力，可能会遮蔽师生内在阅读动机的不足。活动办得越多，越有可能让师生产生疲惫感，越容易使师生厌倦阅读，甚至抵制阅读，结果可能不但没有起到正向激励的作用，反而如过度强调应试一样，会走向阅读的反面。

以当前小学中比较流行的让学生摘抄好词好句为例，站在语文学习的层面看，这样做似乎无可厚非，让学生深入了解字词含义有助于词汇量的积累，可以帮助学生阅读更多文本。但是，中小学生的阅读历来讲究内在的连续性，重在通过好玩的故事享受阅读本身的快乐。如果学生在拿起一本书之前心里只想着要摘抄好词好句，带着许多任务去读，阅读就会变得索然无味，就像我们吃饭前被要求饭后写若干字的用餐感言一样。而且，学生对好词好句的认识，一般停留在“自己不认识的就是好的”层面，很容易闹出令人哭笑不得的笑话来。

阅读推广人阿甲曾举过一个例子：一位爸爸翻看孩子的读书笔记时，发现上面赫然写着“功率”一词，他纳闷孩子什么时候开始学习物理了，再一问才知道，原来是孩子在阅读《郑成功收复台湾》一文时，将“1661 年 4 月 21 日，郑成功率领两万五千将士，分乘数百艘战船，浩浩荡荡渡海东征”中的“郑成功率领”停顿错了。

检验学生的阅读成效，真的不应以摘抄多少好词好句为标准，也不是读书活动花样越多、招数越全越好，更不是看读后感写得是否精彩，而是应该多关注学生是否进入阅读状态。例如，学校管理者可以任意选择一节自习课，在教室后面观察学生是各自捧起一本好玩的书，浑然忘我地读进去，还是在打打闹闹，做着与阅读无关的事，只一眼便能看出一个班级乃至一所学校的阅读底色。

如果非得以量化的方式来评价阅读状况，我以为可从三个方面入手。一是人，即考查学生的阅读量，每年到底读了多少本书。二是书，即班级或学校的藏书量、书籍的流通情况。藏书量固然不等于阅读量，但书籍的流通情况却能反映学生的阅读速度、深度和偏好。三是时间，学生自主阅读的时间到底有多少。无论是在学校还是在家里，学生每天是否有时间阅读，有多少可以自由支配的时间，都从侧面印证着阅读活动的真实情况。

阅读是学校教育的一部分，抑或阅读本身就是教育。那些真正打造出书香校园的学校，很少开展轰轰烈烈的读书活动，但我们透过热闹的课堂和师生的业余生活、精神状态，能看到阅读对师生心灵的滋养，能窥见阅读的力量。说到底，书香校园建设本来不需要有什么新花样，不必非得用量化的标准来证明，只要遵循阅读本身的规律就好。

在这方面，《书语者——如何激发孩子的阅读潜能》的作者、美国教师唐娜琳·米勒的做法值得借鉴和推广。在了解学生的阅读能力和偏好后，米勒会根据学生的阅读能力将其分为发展型读者、休眠型读者、地下型读者等并分别对待，再帮助学生了解基本的阅读常识，如了解各种阅读门类、题材等，做到课内阅读与课外阅读相结合，学校阅读与家庭阅读相结合，引导学生自主阅读、深入阅读、享受阅读，进而成为名副其实的终身读者。

对照米勒的做法，我们一些学校看重的读书笔记、阅读展示、海报评比等，并不是阅读评价体系的重要指标，我们也不宜将之作为阅读评价的重要参数。师生拥有深厚的阅读兴趣、对阅读发自内心的喜爱、阅读观和教育观非常健康等，才是班级和学校阅读活动的终极指向。学校只有抓住了这些，才算在阅读上入了门，才会逐渐进入佳境，真正开启书香校园的建设。

第五辑

成长是一种合力

最想感谢的是陌生人

哲哲读小学三年级时，有一次班主任给他们留了一篇命题作文——《我最想感谢的人》。

没用太多时间，小家伙一挥而就，《哥哥，我想对你说》出炉了，开头是这样的：

> 在生活中，你一定帮助过别人，别人也一定帮助过你。但有时候，别人帮助了你，你会不会来不及或者忘记感谢别人呢？下面我就为大家讲一讲我来不及感谢的一个人……

哲哲写的是一年前也就是他读二年级时，有一天我去接他却不小心错过了，后来他借一位大学生的手机找到我的经历。哲哲寻找我的过程被他写得很曲折，颇有小说的味道。在作文的结尾，他写道："一分钟后，爸爸骑车过来了，我十分开心。当爸爸问我向谁借手机打的电话时，我才想起要感谢那位好心的大哥哥，可他已经走远了。在这里，我想好好感谢他，以后也要像他一样多帮助别人。"

或许是因为卷面不够整洁，标点运用不当，班主任在作文纸上写了一个大大的"改"字。哲哲重写了一篇，内容来了180度大转弯，写的是我耐心辅导他写作业后他第一次考试得满分的往事。虽然第二篇作文字里行间依旧情真意切，但相比之下我还是喜欢前一篇作文，因为从感谢大学生哥哥的主题中，我看到了哲哲身上有着当下青少年少有的宝贵品质。

很多人会感谢父母的养育之恩，但鲜有人会感谢那些帮助过自己的陌生人。感谢陌生人，显现着人性的光辉，这也是让世界变得更美的力量。当今社会，在许多成人和孩子身上，我们看到的往往是先己后人，重索取大于重奉献。这本无可厚非，但凡事只考虑自己，汲汲于自身利益，缺少一颗感恩之心，无论是对个人还是对整个社会，终究是一种遗憾。媒体频频曝光的“小悦悦”等类似事件、经济学里的“公地悲剧”等，都在提醒我们人心向善、心怀感恩的重要性。

每个孩子都是带着善意降临人间的，他们天生对世界满怀憧憬，对生命充满关爱，但有些孩子后来被教师或家长走偏的教育观、功利的心态，以及世俗的不良风气所熏染。当了10多年的教育记者后，我愈发感觉，家长和教师不应在孩子的成绩上过于用力，而应多培育孩子坚强的人格、豁达的心性、善良的品质。这些虽然是老生常谈，但是值得我们铭记在心。

如果教师和家长过于看重分数，让学生始终生活在过于强调竞争而不是携手成长、团结友爱的环境里，学生就可能成为一个心怀怨怼甚至冷漠无情的人。正如学者周濂所言，那些赢家并不因此成就“卓越”，反倒可能因为熟谙了各种潜规则而变成蝇营狗苟的现实主义者，输家则可能因为遭遇挫折或不公而成为愤世嫉俗者或犬儒主义者。无论哪一种结果，都是以丧失灵魂为代价的。

教师有责任呵护童心，引导孩子成为一心向善、心怀感恩的人。尤其在当前的社会环境下，很多孩子是独生子女，从小就是家庭的中心，很容易养成唯我独尊的习性。因此，教师更有必要引导孩子去追求伟大的灵魂，保持善良的品质。

一节科学课上，哲哲的同学涛涛迟到了。科学老师对他说："要是有座位你就坐吧。"上一节课这里举办过活动，这一节课同学们坐的椅子都是他们从别处临时搬过来的，当时教室里已经没有多余的座位了。涛涛见此情景，不知所措，全班同学陷入沉默。过了几秒钟，哲哲站起来说："老师，让他和我一起坐吧。"哲哲不经意间说了这件事后，我问他："我记得涛涛同学比较胖啊，一把椅子你俩能坐下吗？你不难受吗？"哲哲回答："没事，他是我的同学，同学之间应该互相帮助的，再说就一节课。"

在学校里，哲哲比较受同学们的欢迎，我认为是他的善良将他与同学们联结在一起。而他身上的善良，我以为是天性使然，同时大量阅读经典童书也使他流露出越来越多的善意。童书中那些美丽的画面、高尚的灵魂、感人的故事，不仅让他也让我受到感染。而与哲哲参加诸如植树活动、社区活动时，我俩都感受到了付出的快乐，以及被人需要的成就感。其实，我很希望教师组织学生读一读《淘气包埃米尔》《一百条裙子》《桥下一家人》《波普先生的企鹅》等经典童书，让学生感受善良、懂得感恩。

杂文家吴非老师曾说："与青年教师交流时，我常问起他们的童年记忆。我发现他们对小学教育的印象特别深，因为那是行为习惯的养成阶段，教师播下什么样的种子，就会萌出什么样的芽。儿童看到善良和真诚，得到爱与美的熏陶，生命中最早的阳光就有可能一直照亮他的路。同样，若幼小心灵遭受任何凌辱，那块阴影也难以驱散……"

播下什么样的种子，就会萌出什么样的芽。中小学教师们，请在孩子们幼小的心灵中播下善的种子吧！

老师是学生的重要他人

作家毕淑敏曾写过一篇文章《谁是你的重要他人》，她在文章中讲述了自己上小学时的一段亲身经历：音乐老师发现她唱歌跑调，把她从合唱团除名了，后来，由于合唱团的人数太少又把她召回来，却让她只张嘴不真唱。结果是多年来她一直不敢开口唱歌，音乐之于她就是一个噩梦。

后来，身为心理医生的毕淑敏终于找到了解决办法，但彼时她已经过了不惑之年。“从那一天开始，我宽恕了我的长辫子老师，并把这段经历讲给其他老师听，希望他们谨慎小心地面对孩子稚弱的心灵。”在文章的结尾，她劝诫所有教师以及父母：“童年时被烙下的负面情感，是难以简单地用时间的橡皮轻易擦去的。”

文章标题中的“重要他人”是心理学概念，首先由美国社会学家米尔斯提出，是指在个体社会化以及心理人格形成的过程中具有重要影响的具体人物。重要他人可能是父母长辈、兄弟姐妹，也可能是教师、同学、朋友，甚至可能是萍水相逢的路人或不认识的人。

看完这篇文章，我在想，谁是我生命中的重要他人呢？伤害过我的重要他人或许有，但出于自我保护的心理，我似乎有意无意地将其遗忘了；帮助过我的重要他人有很多，如经常朗读我作文的小学班主任，对我关爱有加的中学数学老师，工作后关心我专业成长的部门主任。但是，真正改变我的生活轨迹，乃至人生观、价值观的那个重要他人，其实只有一个——那就是哲哲。

如果说人生有一道分水岭，对我来说这道分水岭无疑就是我升级成为父亲。哲哲说过的很多话、做过的很多事，尤其是对很多事物的看法，让我如同发现了一座宝藏，在挖掘的过程中总能令我惊喜，让我对教育、家庭、生活，乃至生命有了不同以往的理解。虽然说看似是我在陪伴哲哲一天天长大，但是在我陪伴哲哲的每一天，他也在重新塑造着我。

我曾问过哲哲："你觉得谁对你的成长最为重要？就是没有谁你会觉得生活一下子变得不一样了？"他歪着脑瓜想了想，说："是你和我妈。"然后用手指向我，加了一句"特别是你"。"那爸爸影响了你什么？""你每天陪我玩，支持我养蝎子和蜥蜴，让我每天都很开心，这些还不重要吗？"小家伙的话让我明白，良好的亲子关系原来是相互影响、相互塑造、互相成就——他让我不断反思自己的教育行为，成为一个尊重孩子成长规律的爸爸。

在求学路上，每个人都会受到教师的教诲。但所谓"经师易得，人师难求"，我希望为师者能意识到自己的一言一行可能会对学生一生产生重要的影响，要给予学生学业和人生两方面的教诲，而别像毕淑敏的音乐老师那样给学生的心灵留下终身的阴影。教师多给予学生积极的鼓励和暗示，对学生帮助很大。心理学上的罗森塔尔效应，反映的就是这个道理：美国心理学家罗森塔尔和助手来到一所小学，声称要进行一个"未来发展趋势测验"，并煞有介事地以赞赏的口吻，将一份"最有发展前途者"的名单交给了校长和相关教师，叮嘱他们务必要保密，以免影响实验的科学性。其实，他撒了一个谎，因为名单上的学生根本就是随机挑选出来的。令人意外的是，8 个月后，奇迹出现了，凡是上了名单的学生，个个成绩都有了较大的进步，且各方面都很优秀。罗森塔尔效应，其实是教师的期望效应，教师积极的、正向的期待越多，学生的发展状态会越好。

有时候教育者因为职业习惯或自身的教育经历，给了学生一些消极影响却不自知。对此，最好的解决办法就是经常检视自己的教育观和教育行为，坚持写教育教学反思日记。在日常教育管理中，教师应时刻提醒自己，遵循教育规律，多鼓励学生，即使批评也最好多些和风细雨、语重心长，少些暴风骤雨、电闪雷鸣。教师有意识地与学生互为参照、共同成长，学生一定会健康成长。

尤其在小学阶段，教师是学生的重要他人，此阶段父母的权威地位慢慢被教师取代。我曾看到过一位小学教师写的一篇教育故事。她上课板书时，感觉有学生做小动作，根据经验，她认为是某某学生，于是委婉地提醒学生："你不要以为老师背过身去就看不见了，老师背后是长眼睛的。"过了一会儿，她特意看了这名学生一眼。结果，被提醒的小朋友回家后告诉妈妈："妈妈，你知不知道，我的老师可厉害了，背后还长眼睛呢，我在座位上做什么老师都知道……"

在学生的心目中，小学教师无疑具有特殊的地位，其教诲在学生心里有极重的分量。哲哲刚上小学那会儿，对启蒙教师敬佩得不得了，嘴上经常挂着"张老师说……"，直到快上初中了，他才开始辩证地看待教师说的话。小学教师要时刻注意自己的言行，给学生积极影响，为他们的快乐童年打好底色。如果教师的每句话都动听些，每个动作都和缓些，每个眼神都温柔些，学生就能感受到教师的关爱与期待，他们的童年将会留下一抹光彩，他们的小学和中学时代将会更加难忘。

换班主任也没什么不好

小学四年级上学期刚开学，学校通知哲哲所在的班级将更换班主任。

原来的班主任张老师工作负责、管理细心，得到了许多家长的认可，因此家长们听到这一消息后，意见比较大，在班级微信群里释放着各种不满的情绪。很多家长认为学校没有提前跟家长沟通，突然提出来换班主任有些不妥，对该结果表示不能接受。其实，我也不太希望换掉张老师。

我以为哲哲也会持反对态度，一天，我装作漫不经心地问他："换了班主任，你有没有不适应啊？"小家伙给了我否定的回答。我接着问他："这回张老师换成了刘老师，你觉得好还是不好？你还想张老师吗？"小家伙很淡定地说："换班主任没什么大不了的，只要对我们好，谁当班主任都行。"他还分析："张老师对我们很好，但她更适合教低年级；现在的刘老师呢，对教大一些的学生更有经验。""为什么这么说？"小家伙开始举例："你看吧，张老师上课的时候比较强调纪律，总问我们明白了没有；刘老师呢，很少问我们这样的问题，她更注重做题的方法，把解题思路讲得很清楚……"

哲哲的话让我佩服他的分析能力，也让我领悟到班主任的教学与管理之道。

想想的确是这样。我读小学时，虽然项老师当了我们班六年的班主任，但她的管理方式却在随着我们年级的变化而变化。教低年级时她像妈妈一样，对我们的照顾无微不至，大到班干部评选，小到个人卫生，她都力求做好：男生的头发长了，她就给我们理发；我们的情绪有了波动，她就主动家访。而到了高年级后，虽然她对我们的爱和关心还在，但在学业上她对我们的要求更严了，她督促我们认真完成作业、加强课外阅读，对学习能力更为看重，家访也更频繁了。曾经我因为家务活太多，没时间参加学校的歌咏比赛。为此，项老师多次到我家，跟我的父母交流，希望我的父母支持我参加学校的课外活动，以提高我与同学的交流能力。

“爸爸，我发现刘老师也挺好的，她留的作业不多，还鼓励我们多到外面玩呢！”学期中段的时候，哲哲感慨地说别的班级的作业好像比较多，“我真羡慕我自己呀”。一次，因为要带哲哲去外地，我跟刘老师请假，问她假期都布置了哪些作业，她笑着说：“长假我一般都不留作业的。”她倡导家长多带孩子去大自然，说这样对孩子的成长很有帮助。虽然只是简短的交流，但是我觉得刘老师跟其他班主任的确不太一样——很多班主任总是担心学生长假期间玩疯了，生怕作业填不满时间的空隙，恨不得把假期变成另一个学习周。

虽然我没有当过班主任，但是我知道好的班主任一定懂得教育规律，熟悉儿童的年龄和学习特点，为儿童的成长搭建平台，为儿童的生活留出空间，鼓励儿童用自己的眼睛去发现世界。随着学生逐渐长大，教育侧重点应有所转移，教师应该从关注学生适应学校情况、学习习惯养成过渡到注重学生的学习能力、思维训练和品格培养。当然，也有不变的内容，那就是始终以满腔的热爱对待自己的工作，爱每一个学生，并知道如何给学生以关键帮助。

哲哲读四年级时特别喜欢阅读动物小说，阅读面很广，堪称动物知识百科小专家。刘老师向学校申请，让哲哲在全年级学生面前做了一次“如何成为小书虫”的主题演讲。由于做了充分准备，哲哲的演讲比较成功。演讲的成功极大地激发了他的阅读兴趣，他阅读的热情比以前更高涨了。

不管在哪一个学段，好的班主任一定爱学生、懂教育，他注意自己的言行，善于发现学生身上的问题，全方位了解学生，并能给予持久而深刻的影响，乃至成为学生的人生导师。教育专家王晓春曾举过一个例子，点出了优秀班主任的优秀之处：“好的班主任一定要注意学生父母的职业，父母不同的职业往往会导致孩子不同的思维方式。当我们感觉孩子比较怪的时候，往往不是孩子的行为本身奇怪，而是孩子内在的性格逻辑令人奇怪。做什么事情都要有预案，吃惊不是本事，能预测并影响孩子的行为，这才是本事。”

另一个例子是，我在某小学采访时，听说该校师生中午都吃营养餐，但班主任和学生吃的不太一样——班主任多了一只鸡腿。后来，有学生向家长反映此事，惹来家长微词。这事或许不能怪班主任，但班主任应该意识到自己与学生待遇有区别的后果。因为班主任是与学生接触时间最长、对学生影响最为长久的群体，其一举一动都会带来教育的蝴蝶效应，做什么往往比说什么更重要，怎么做实则大有讲究。班主任的教育理念和价值观，在班风、班级文化上往往会有所体现。苏霍姆林斯基就曾说过，一个时时感受到公正的孩子，会敞开自己的心灵，接纳周围的世界，他的心灵会变得高尚。所以，班主任要经常检视自己的行为是否得当，避免出现类似上述一只鸡腿风波的不良后果。

我问过哲哲：“你觉得什么样的班主任是优秀的班主任？”他歪着头想了想，说了几条：“首先呢，不留太多作业，对我们有耐心，别老催我们，不能太啰唆。我们有个老师喜欢同样的话反复说，让人听了想睡觉。其次呢，对每个孩子都好一点儿，不能只喜欢几个班干部。最后哇，多发挥每个小朋友的特长，有的画画好，就让他多出黑板报；有的跑得快，就让他多参加体育活动；有的爱读书，就让他经常给同学讲好玩的故事……”小家伙一口气说了好多，每句话背后其实都有所指。

优秀的班主任可能有各自不同的教育方法、管理智慧，但有一点是相同的，那就是关注学生的心灵成长，公平对待每一个学生。班主任既给予学生爱与阳光，又给予其充分的自由空间；既像老母鸡一样保护好每个学生，又像雄鹰一样带着小鹰们学习飞翔，和学生一起感受展翅高飞、俯瞰大地的激动与豪迈。

虽然达到此种境界比较难，但是优秀的班主任就是在这样的教育理念指引下，在这样的教育日常中成长起来的。让我们向优秀的班主任学习，成为更好的自己吧！

找一个值得追随的偶像

读六年级后，哲哲对音乐和电影的兴趣明显高涨。

一天，哲哲颇神秘地告诉我："爸爸，你知道吗？我们班有很多同学喜欢张杰，不仅经常哼唱他的歌，还爱模仿他的着装扮酷呢！有一次，我们班举行联欢活动时，阳阳同学唱了张杰的《逆战》，就是'在这个风起云涌的战场上，暴风少年登场，在战胜烈火重重的咆哮声，喧闹整个世界，硝烟狂飞的讯号，机甲时代正来到……'从那之后，喜欢张杰的同学更多了，有几个女生一到课间就谈论与张杰有关的事情。"

我问哲哲："你喜不喜欢张杰？"他回答说："不太喜欢，我更喜欢《海贼王》里的路飞，因为路飞特别厉害，有远大的理想，到过很多好玩的地方，身边还有一群好朋友呢。"他的话让我想起自己上初中时，也是这般追星，书包上、文具盒里贴的都是包括《圣斗士星矢》《魔神坛斗士》等在内的贴画，我还特别喜欢和小伙伴们交流，渴望听到这些卡通片的最新情节。

进入青春期后，孩子们最大的影响源逐渐由父母过渡到同伴，部分孩子还产生了向稍长同龄人学习的意识。他们在模仿与学习的过程中，为接下来的人生做着预演。有专家指出，从 10 岁开始，孩子们便很容易陷入偶像膜拜和效仿中，偶像成为他们人格发展的一个榜样。他们通过对偶像的认同和效仿，不断完善自己的人格，完善自我的深层次认知。

但是，偶像对孩子的影响是积极的还是消极的？是正面的还是负面的？这个问题非常重要，我们必须有清醒的认识。此外，青少年尤其是小学生崇拜偶像，到底需不需要引导？透过一条新闻，也许我们可以知晓答案。2015 年 7 月，韩国男子演唱团体 EXO 的粉丝和中国少年组合 TFBOYS 的粉丝在网络上互骂，引起网友热议。令人大跌眼镜的是，参与骂战的大多数是小学生。报道中称，该骂战先是由 TFBOYS 的一名小学生女粉丝引发，接着 EXO 的小学生粉丝疯狂回应。骂战的内容、用词之犀利一点也不输给成年人之间的掐架，不少网友看后表示“哭笑不得”“三观尽毁”。

青少年崇拜偶像是其在成长过程中的一种必然现象，教育者需要有效引导，毕竟这一阶段孩子的价值观和世界观还不成熟，他们的偶像崇拜有着一定的盲目性。若引导得当则有助于其最大限度地学习偶像的励志故事，从中汲取成长动力，促进自身的健康成长。若引导不当或引导缺位，则有可能像 EXO 的粉丝和 TFBOYS 的粉丝在骂战中所体现的那样，让人看到的全是无知。

在欧美国家，中小学生也崇拜偶像，且时间节点还要往前移。他们崇拜的多是歌手、演员和职业运动员。因为孩子们对偶像极度崇拜，喜欢模仿其一言一行，所以，让孩子们正确认识偶像，离不开家庭教育的引导，也更需要学校教育的支持。相比而言，学校途径的引导更重要也更有效。通过主题班会也好，团队活动也好，中小学教师借助同伴教育的力量，能让学生认识到偶像的多面性，既看到其有出色的一面，同时也看到他是普通人，不是毫无瑕疵的神一般的存在。而崇拜偶像的科学方式，是学习其值得学习之处，如偶像刻苦训练、在逆境中不服输的精神和注重团队合作的意识等。至于个别名人不健康的三观、不得体的行为、不合适的语言等，都需要教师及时指出，并正确引导。

例如，很多美国职业篮球运动员小时候就特别崇拜某些已经成名的球星，受之激励，长大后一心想成为篮球场上的佼佼者。前火箭队球员特雷西·麦克格雷迪年少时是一名快速有力的棒球击球手，他虽然也经常和朋友们一起打篮球，但并没有把篮球看得十分重要。直到1993年，“便士”安芬尼·哈达威来到他所在城市的球队。于是，麦克格雷迪的热情以不可想象的速度从棒球转移到篮球上。他开始以哈达威为偶像，效仿哈达威在比赛中的一招一式，每天练习到筋疲力尽为止。后来，麦克格雷迪成为职业篮球运动员后，还追随他的偶像，选择了1号球衣。

对孩子来说，偶像的能量巨大。尤其是进入全民娱乐时代以来，随着大众传媒的不断发展，出于商业利益的需要，造星运动越来越普遍，开始渗透到中小学生的生活中，甚至成为一种颇为流行的文化现象。对此，教师不可不察——除了要教会学生正确看待偶像，还要教会其学会独立思考，保持独立的精神与人格，在教育管理中渗透正确的偶像观。就像美国学者尼尔·波兹曼在《娱乐至死》中所说的一样，帮助年轻人学习解读文化中的象征含义是学校不可推卸的责任，学校应该把这样的任务纳入课程之中，甚至成为教育的中心。

学生的偶像选择，反映其精神世界。在引领学生科学地看待偶像之余，教师应不断完善自身，展示给学生优秀而卓越的一面，适当的时候练成一两个绝活，说不定在不经意间也会成为学生的偶像，俘获他们的心灵。倘若学生不以教师为偶像也没关系，毕竟教师所设立的高标准无形中会使得学生按照卓越的标准去寻找自己的偶像，并借助偶像的力量更好地实现自我成长，而不是轻易地被某些商业机构所造的明星、“网红”等吸引，更不会陷入庸俗的粉丝骂战之中。

有一次，我有机会和《我家住在大海上：平凡家庭的幸福密钥》一书的作者叶丽萍和她的女儿聊天。叶丽萍夫妇从2005年开始，带着2岁的女儿在海上生活了8年，航行了10万海里，途径25个国家和地区，接触了不同的民族和文化。如今，小女孩已经长大了。谈及理想，她告诉我她很崇拜美国野生动物学家乔治·夏勒，未来想当一名兽医，去帮助更多的小动物。

教育的魅力就在这里。今天，我们引导学生了解偶像的伟大；明天，他们也许就成了别人心中伟大的偶像。

重要的是你和谁在一起

有句话说得好，“你是谁并不重要，重要的是你和谁在一起”。

以前，我对哲哲说过这句话，当时小家伙不太在意。偶然间我看到一则新闻，便让他看一看。媒体报道是这样的：重庆某所学校2017级某班共有71名学生，人均拿到5份大学录取通知书，有的学生接到9份国外大学的录取通知书，这个班可谓真正的“学霸大本营”。哲哲看了新闻后跟我开玩笑说：“爸爸，我们班也算‘学霸大本营’，期末考试时，除了实验班，我们班5个学科都是全年级第一名，单科最高分也在我们班。”

对学霸班级、学霸寝室之类的新闻，我倒不是特别感兴趣。每到高考成绩或考研成绩发布的节点，此类新闻便屡屡被爆出。要是说类似报道有什么可取之处，那么显然不是让一些父母羡慕“别人家的孩子”，而是让读者了解“学霸”究竟是怎么炼成的，这种修炼方式是否可取，有没有科学依据，毕竟任何人生的出彩，尤其是集体层面的出彩，都不是毫无缘由的。从报道中我们可以看出，该班的最大特点就是学习氛围浓厚，同学之间比学赶帮，同学们各有主见且会根据自己的兴趣爱好选择求学方向；课余时间，他们致力于高质量地完成社会实践，或进行研究性学习。

我问哲哲怎么看待这种“学霸大本营”现象，他想了想，平静地说：“这是一种很自然的文化现象，你不是跟我说过‘物以类聚，人以群分’嘛。我们学校其实也是成绩好的学生爱在一起玩，爱调皮捣蛋的学生经常往一块凑。”“那你觉得怎么做才能让学习成绩不好的学生也爱学习呢？”“爸爸，你的意思是把‘学渣’变成‘学霸’吗？”“大致是这个意思。”“说实话，这个比较难，要想学习成绩好，既要爱学习也要会学习，‘学渣’一般不太容易两条都做到。”“那就一点儿办法也没有吗？如果你是教师和校长，会怎么做？”“我呀，也许会让学习成绩好的学生多帮助学习成绩不好的学生，还有就是让学校里的学习氛围浓厚一点儿，让大家在轻松一点儿的环境下学习……”

孔子有言：“与善人居，如入芝兰之室，久而不闻其香，即与之化矣；与不善人居，如入鲍鱼之肆，久而不闻其臭，亦与之化矣。”哲哲的观点里面颇有环境育人的意思。实际上，在教育领域，环境的育人力量表现得很明显。所谓“近朱者赤，近墨者黑”，和不一样的人在一起，就会有不一样的收获。从这种角度看，“学霸大本营”有内在的教育规律，值得教师们反思和借鉴。

如果班级里的大多数学生都能视学习为乐，互相赶学帮超，这种积极的氛围就会被放大，进而迸发出惊人的能量，使每个人都能反思自我，奋发向上。小到一个班级，大到一所学校，无不如此。近日，一段小学生进校时驻足听国歌、向国旗行注目礼的视频，引起网友集体点赞。视频中，同学们陆续走进学校，这时操场上响起了国歌，升起了国旗，所有同学、教师及行人全部自发地停下脚步，向国旗行注目礼，直到升旗仪式结束。这所名为河北省保定市南市区联盟西路小学的学校，原本非常普通，但因为其卓有成效的育人效果得到了证明，所以被更多的人记在心上。

在特定的环境中熏陶久了，改变的不只是一时一刻的行为，而是长久的行为习惯。北京大学保安考学深造的故事就是很好的证明。有媒体报道，在过去的20多年里，北京大学保安队先后有500余名保安考学深造，有的甚至在研究生毕业之后当上了大学教师。2017年5月，一名北京大学的保安在接受《澎湃新闻》的记者采访时表示："我们这里爱学习的人还挺多的，大多数年轻人都爱学习。"之所以出现这种情况，是因为"有一部分人本身就爱学习，还有一部分人是来北京大学当保安后，被燕园浓郁的学习氛围所感染"。

好的环境能成就一个班级、一所学校、一群看上去不可能被改变的人，还能带动一方教育的发展。反过来，不好的环境同样具有强大的破坏力，这样的例子也不少见。有媒体报道，某机构曾在2016年对江苏省某学校初一年级一个班级里的40名学生进行监测，监测项目包括脊柱直立姿势、脊柱柔韧性、脊柱稳定性等。一年后，这个班级学生的脊柱姿势优良等级率为18.5%，脊柱姿势不良率为65.5%，无一人达到脊柱稳定性优良的状态。报道指出，到了初二，学生的学习负担重了，体育活动少了，不良生活习惯成为学生体质变差的主要原因。

要想改变这种糟糕的状态，当务之急是从营造良好的教育环境入手。学校与其按照传统的应试套路，在宣传高考升学率、优秀率上下功夫，不如努力打造温馨的校园文化，发挥学习共同体的作用，帮助学生养成良好的行为习惯。学习共同体的力量看不见摸不着，但其潜移默化，影响深远，是日本教育专家佐藤学所提倡的。

如果一所学校致力于建立学习共同体，让学生之间相互积极影响，让每个学生都变得有朝气、有锐气，这所学校的教育氛围就会发生令人欣喜的变化。假以时日，会有更多的学生如同北京大学的保安一样，实现人生的逆袭。

还是别买盗版书了

2017 年 8 月，我回老家休假，偶然看到亲戚的孩子正在专心致志地看书。最近几年，不管在哪里，只要看到有孩子亲近图书，我就会心情愉快。于是，我很欣喜地翻看书名，原来是日本儿童作家宫西达也创作的绘本《我是霸王龙》。

看着手中的绘本，我发现它的纸张质量比较差，图画的颜色比较模糊，每行文字还被标注了拼音。带注音的童书并不少见，但宫西达也的作品出了注音版的吗？我还是头一次看见。那一刻，我突然意识到，亲戚可能买了盗版书。

后来，我跟哲哲说起这件事时，他问我：“爸爸，咱家有盗版书吗？”“咱家的书有的是从专门卖书的网店买的，有的是出版社赠送的，应该没有盗版书。”“那就好，我觉得呀，盗版书还是别买了，学校更不能买。错字连篇的书可害人了，有些人本来就爱写错字，如果看盗版书就更没救了。”“我倒觉得盗版书中的错字不是最害人的，不是有这样的话么——‘贪小便宜吃大亏’，为了省一点儿钱而买假东西，可能会影响孩子的价值观，你说呢？”哲哲还不太懂价值观到底是指什么，但他认同假的东西一般都有害这个道理。

当下，盗版书不同程度地存在着，尤其是童书，因为其在市场上受欢迎的程度高，所以盗版童书似乎有“野火烧不尽，春风吹又生”的趋势。2016 年我曾在山东省临沂市某小学采访，当时正赶上学校举办跳蚤市场活动。地摊上的《爱心树》《猜猜我有多爱你》《神奇校车》《我有友情要出租》等童书，有的错字连篇，有的没有版权页，有的甚至是用订书机装订的，那些书和我的亲戚买的书一样，都是名副其实的盗版书。我问买书的学生及其家长知不知道那些书不是正规出版社出版的，他们表示，因为书很便宜，加上孩子喜欢，所以就买了。

学校也好，家庭也好，给孩子买书是好事，重视阅读之举值得赞赏。孩子就该多看童书，以开阔视野，丰盈内心，让一个个温暖而好玩的故事伴随孩子走过童年。但问题是，教师和家长引导孩子读书，不能不分优劣，把书买回来就了事，而应掌握基本的常识，如获取书籍的基本出版信息，辨别童书的真伪，知道童书中有哪些经典，学会区分不同的阅读门类等。

童书阅读不能完全随孩子的意愿，需要家长有意识地引领。家长要遵照孩子的认知规律和成长规律，购书时遵循由图到文、由浅到深、由易到难的原则。学生在阅读时有适当超前的意识，即十岁左右的学生更愿意读以十二三岁的青少年为主人公的作品。如果家长没有相关阅读常识，明知是盗版图书仍然购买，或者买书只求低折扣，或者只买引进版图书、套装书、精装书，都违背了阅读的本意。在这方面，教师有责任在开展班会时或私下里跟家长沟通，引导家长具有正确的阅读观，让家长意识到盗版书虽然也能给孩子带来阅读的快乐，让孩子汲取知识，但是对孩子价值观的形成有潜在的负面影响，如对图书原创者不够尊重、对知识不够敬畏等。盗版书还有一大危害是，因为正规出版物的纸张和印刷成本高，所以盗版者一般会使用不环保的材料制作图书，对孩子尤其是低年级孩子的身体可能有伤害。中国环境科学学会的检测报告显示，部分盗版书比同类正版书纸张中的铅含量高出 100 倍，并测出普遍含有六价铬。如果儿童铅摄入过多，就会阻碍血细胞的生成，导致生长缓慢，甚至智力发展停滞。

因图便宜而购买盗版童书的行为，暴露出一些家长对教育的错误认识，教师和学校应共同努力，帮助家长形成正确的教育理念。为了帮助家长摒弃以收入有限为由不购买正版书籍的想法，教师可以邀请家长和学生一起多读正版童书，体验优秀童书所蕴藏的教育价值，或者邀请阅读推广人到班级、学校做讲座，和家长一起掌握选书及亲子共读的常识。没有人天生会当父母，没有人天生就会判断童书的优劣、认识童书的价值，买书经验和阅读能力都需要一点一滴地积累。教师和家长一起读、一起学，就会摸到阅读的门道，进而最大限度地发挥阅读的力量。

相对来说，辨识童书的真伪只是第一步。读得多了，看得多了，教师就能判断各种童书的优劣，拥有宝贵的童书阅读经验，然后可以根据学生的阅读爱好为其量身定制成长书单，选择适合其阅读的经典图书，一点点完善学生的知识结构。学生愿意亲近经典童书，自然就会抵制品位不高、内容不好的劣质图书，对盗版书更会不屑一顾，也会自觉抵制手机、网络游戏的诱惑，成长为心中有爱、善良温和的好孩子。

说到底，阅读就是一个杠杆，撬动的是学生的内在学习动力。在这方面，教师要多下一点儿功夫，有不断学习的意识，那样受益的不只是自己，还会有广大学生和家长。

没有信任怎么行呢?

2016年9月，有媒体报道了一条新闻：为了让孙子进入一个“好班”，分到一个“好座”，郑州市民王女士全家动用各种关系四处打听，四处联系熟人才把事情办妥。上海市一位小学生的家长透露，自己从孩子入园第一天起，就开始送礼，主要是送给教师和保育员。教师的“关照”是让孩子午睡时不靠近风口，做游戏时担任重要角色等；保育员的“关照”则是照顾孩子把饭吃完。

我跟哲哲探讨这两条新闻背后的问题，他直言这些做法没有用，收礼的教师也许在形式上会多照顾学生，但并不能真正帮助学生，理由是要是一个学生不爱学习，那么不管教师怎么帮忙都不会有太好的效果。“爸爸，我觉得送礼的家长只是求一个心安罢了，其实没必要这么做。家长应自己多关注孩子，而不是让教师多关注，你说是不是?”

不得不承认，哲哲的看法有些道理。让我意外的是，小家伙不知从什么时候起成了“人精”，社会上的潜规则竟也知道了一些。我对此类新闻的看法是，跑关系择座也好，给教师送礼也罢，背后都是家长对教育的不信任：不相信当地政府能均衡办学，不相信学校能阳光分班，不相信教师能公平对待每个学生。信奉跑关系和送礼等潜规则的家长固然求得了一时心安，却让家校关系变了味。我们要相信负责任的好教师还是占绝大多数的。期待通过送礼来求得关照，结果可以设想：要是教师的教育管理能被礼物左右，那么这样的教师能培育出真正的人才吗？

信任，是教育的起点。虽然应试教育的倾向在许多学校里不同程度地存在着，但是绝大多数教师都会本着一颗公正之心和爱心去育人。家长要相信规则一定会战胜潜规则，要相信学校和教师，也要相信孩子会用自己的力量成长。有意思的是，在一些家长眼里，自己的孩子就是长不大，离开大人就不行。此种对孩子自我成长的不信任，和家长不信任教师只信任潜规则，抑或学校关门办学不信任家长和社会力量，在本质上是一样的，都会给教育主体带来不同程度的伤害，不利于良好教育生态的形成，最终受害的还是孩子。

家校之间建立信任，历来是一个长期甚至艰难的过程，家长和学校需要从一开始就摆正关系，珍视彼此，建立畅通的交流渠道。就像四川省成都市棕北中学校长丁世明在开学典礼上所建议的那样：读书不只是孩子的事，家长的作用很重要；家长不要在孩子面前随意评判甚至贬低教师，如果家长在孩子面前降低了教师的威信，教师对孩子的教育效果就会大打折扣；教师也要虚心倾听来自家长的建议，不能闭门教书，应多争取学生家长的支持。

家校之间如此，师生之间亦然。教师和学生因缘分而走到一起，彼此要抱着开放的心态，秉持开诚布公的原则，聆听彼此的心声，共同追求理想的教育。美国的雷夫·艾斯奎斯之所以能在小小的第56号教室里创造出教育的奇迹，就是因为师生之间坦诚相待、相互信任。因为雷夫·艾斯奎斯毫无保留地信任学生，所以学生也信任他，许多学生毕业多年后，还经常回母校看望他。

很多时候，信任就像一棵初生的幼苗，需要精心呵护，一旦被破坏，后果很严重。曾经，有媒体记者从扬州大学动物科学与技术学院获悉，该院为家庭困难新生设立的“梦想助学金”之所以会遇到无人申请的尴尬，是因为之前全国各地频频有骗子以办理“助学贷款”为由，骗取学生学费并屡屡得手。对此，扬州大学动物科学与技术学院采用视频聊天的方式证明身份，才打消了新生和家长的疑虑。

作为教育媒体人，我越来越深刻地感受到，教育成功的起点固然需要爱，但也不能缺少最初的信任。如果学生信任教师，喜欢跟教师讲悄悄话，教育就成功了一大半。哲哲上小学后，非常喜欢班主任张老师，什么话都愿意和她说。我原以为没有上过学前班的哲哲在学习上会吃些苦头，跟不上教学进度，会经常被教师批评，没想到他的小学生活颇为快乐。我问哲哲是否喜欢上学，他告诉我很喜欢，因为“每天都有好多秘密要和张老师分享”。我问他：“你为什么那么信任张老师？”他告诉我：“爸爸，其实我们班里很多同学都信任张老师。要是不喜欢、不信任张老师，上学还有什么意思呀！”的确，要是师生之间没有信任，那么上学还有什么意思？教育还有什么价值呢？

教育学就是关系学。新学期伊始，教师固然要做好教学工作，但也不能忘了和学生及其家长搞好关系。这里的搞好关系不是指教师庸俗地讨好学生或家长，而是用自己的学识和教育经验赢得学生及其家长对自己专业和师德方面的认可。一旦师生之间建立了亲密关系，教师的教育教学就会更顺畅，也更容易培养出高尚而正直的灵魂。

和学生一起向上生长

哲哲刚升上小学六年级时，他班上的一位同学被海淀区某所著名的中学提前录取了。

我知道这个孩子的学习很好，是名副其实的学霸。后来，我从班主任那里得知，这个学霸一直在上辅导班，最多的时候上了六七个辅导班。她也一直是培训机构竞赛班的种子选手，曾多次代表培训机构参加比赛。在2016年暑假的“华罗庚金杯少年数学邀请赛”中，她获得了第一名，因而被某中学提前录取。

我本以为哲哲会由衷地羡慕他的学霸同学，没想到小家伙哈哈一笑：“哎呀，她可惨了，不能上小学六年级，真是不幸啊！”“不幸？你不羡慕她比你早一年上了名校？”“有啥可羡慕的？爸爸，你不是说六年级是童年的最后一年吗？她就这样结束了童年，她应该羡慕我还能享受童年才对吧！”“那你觉得学生该不该上辅导班呢？”哲哲不假思索地说：“如果有时间有兴趣，上一下辅导班也可以，但没必要天天上。若一点儿自己的时间都没有，除了上学就是上辅导班，生活还有什么乐趣呢？爸爸，你说是吧？”

哲哲的这番论断虽然比较感性，但是对我颇有启发。随着一年年长大，虽然他的外表发生了一些变化，但是童心依旧。回想过去的13年时光，我感觉，长大是一件很美好的事情，但比成长更美好的，则是教育者与被教育者一起成长，共赴一场美丽的生命之约。如果教育的奥秘在于孔子所谓的“教学相长”，理想的教育就一定是有学习欲望的学习者和善于反思、勤于自省的教育者共同创造的。

遗憾的是，有些教师似乎缺少“吾日三省吾身”的意识，总是以己之不变来应对教育之变，常常用昨天的眼光来看待今天的学生。世界发展日新月异，人才市场对创新能力与综合素养的要求不断提高，但一些教师给予学生的教育依然是苦读死读、题海战术、以时间换成绩、一切由成人掌控等，他们看不到新东西，更看不到“浴乎沂，风乎舞雩，咏而归”那样温馨的教育场景。

其实，自17世纪末约翰·洛克首次提出儿童是有独特需求和能力的人，即确立儿童概念以来，儿童的独特性逐渐被认识，儿童需要教育、需要在良好的教育环境中长大等观念逐渐成为共识，儿童发展已经被当作一门学科加以研究。但总体而言，儿童的成长规律，儿童之于成人、国家以及未来的意义，并没有得到足够重视。在一些学校、一些教师那里，儿童依然被视作“不完美版的成人”，他们并未真正明白“儿童”二字背后的含义。他们不了解儿童发展的敏感期，不知道儿童的认知发展规律，更没有蹲下身来问一问儿童内心在想什么，想要什么样的教育。

如今，我们更加需要蹲下身来向儿童学习，把自己修炼成一名合格的教师。中国家庭如今整体上越来越富裕，对优质教育的需求越来越强烈，但许多富裕起来的中国人，似乎还没有学会如何教育下一代，还没能拥有与社会变化、时代发展相匹配的教育理念、教育能力。尤其是进入互联网时代后，儿童成长面临着越来越多的新问题，教育环境变得越来越复杂，更考验教师的教育智慧。新的教育形势要求教师不能再照搬以前的教育经验，真正有效的办法只能是拿出更大的诚意，重新看待儿童的成长。

教师要学习很多东西，既要学习如何帮助学生打好基础，养成良好的行为习惯，又要学习如何引导儿童积极面对不断更新迭代的电子媒介，学会如何与不同文化背景的同龄人相处，在信息时代提升自主学习能力，培养创新意识。同时，教师还要学习如何理性看待教育与社会发展的关系，认识到唯健康之体魄、美善之心灵、正确之价值观，才是教育之要，才能让儿童、教师和整个教育生态变得更好。

任何人都不是生而完美的，儿童就像一面镜子，能映照出教育者和教育本身的种种不足。要是说教育有什么捷径，那么一定是我们从儿童那里获得的。当教育者有意识地变身为儿童，和儿童一起向上生长时，教育就会慢慢地成为一种美好生活。而教育之美好，就在于师生彼此成全，共同走过一段人生路，最终完成让人惊喜的蜕变。

尾声

教育的变与不变

/ 哲哲 /

在很长一段时间里，我认为，教育就是指学校和老师。我眼中的好教育，就是一所风景优美的学校，加上美丽温柔、善解人意的老师。所谓好教育，就是我可以和同学们一起，在校园里玩耍、看书、聊天，在玩中学，在学中玩，开开心心地过好每一天。

上了中学后，我发现，我的生活在一点一滴地发生变化：老师变得非常严厉，作业比小学期间多了不少，像美术课、信息技术课、体育课这样能让我放松的课程在逐渐减少，我的学业压力越来越大。随着大考小考接踵而至，每一天我都过得比较辛苦。身边越来越多的同学报了各种各样的辅导班，据说他们大部分是被家长逼迫着报名的。我的爸爸妈妈比较开明，尊重我的意愿，没有给我报辅导班，周末让我读想读的书。但由于作业多，我和我的同学每天都写到很晚，有的时候要到夜里十一二点才能做完作业。

在中学的课堂上，老师非常负责地对待我们每个同学，会向一些基础不好的、比较内向的同学提问，以此来增强他们的信心。有时候，老师还会举办一些演讲活动来拓展同学们的视野，提升同学们的表达能力和班级凝聚力。到了课间，教室里便呈现出另一番景象：有的同学围在一起，谈论着电影、游戏、书籍、音乐；有的同学抓紧一切时间写作业，以便回家后能轻松一点儿；也有一些同学拿着笔记，向教师或其他同学问问题……每个人都有属于自己的一片天地，大家在互相交流中成长。而我也慢慢找到了自己的方向，知道了该在哪些方面下功夫和如何努力。

现在回头看，小时候的我其实很单纯，没有看到教育的全貌，或者说只看到了教育美好的一面。因为我上幼儿园和小学的时候，老师很少给我们压力，经常和我们一起开开心心地玩，给我们讲各种好玩的故事，每天我都是无忧无虑、阳光灿烂的。但这不能说我曾经的看法是错的，在幼儿园、小学阶段快乐自在地生活就是好的教育应该呈现的样子。如果小学老师像我现在的中学老师那样教学，那学生肯定承受不了，这显然不是好的教育。

当我一天天长大，有了一定的抗压能力，各方面都有了较好的基础时，我再和身边的同学一起努力学习生物、地理、历史、物理等新学科，就会被学习的成就感所吸引，慢慢地像破茧而出的蝴蝶一样，成为一个全新的自己。所以，我认为，好的教育不是一成不变的，而是教师随着学生年龄、环境等的改变，去改变教的知识和教的方法，去改变看待学生和帮助学生的方式。这种变化能让每个学生对自己多一份了解，对教育、教师有更多的认识。如果说小时候教师和我们手拉手是好的教育，那么现在我们和教师一起沉浸在知识的殿堂里也是好的教育。通过好的教育或者好的教师，我们能看到自己的不足，看到事物的两面性。

随着年龄的增长，我对教师、学校和好的教育的看法悄悄地发生着变化，但我也感觉到了教育中不变的地方，那就是不管在小学还是初中，我都能感受到老师对我的关心。他们始终用温柔的目光看待我的成长，给我犯错的空间，一点点提高我的能力，慢慢引导我对事物有自己的看法。无论到什么时候，教育都应该有爱心和耐心，都应该让每个孩子不断完善自己。无论到什么时候，教师都应该用动态的、宽容的眼光看待我们，帮助我们拥有广博的知识、全面的能力，并有机会看到未来广阔的天地。

我认为，这就是教师的价值所在，也是好的教育应该有的模样。

附录一

对哲哲的两次采访

〔2012年4月15日，哲哲7岁〕

下午，我在写稿时，哲哲欢快地凑过来，对我说："爸爸，你采访我吧！""采访你？好哇，请问你为什么不太喜欢游泳？""哎呀，不是这个，是上次你让我回答的那些问题。"我这才想起两个月前拟了一份采访提纲准备采访哲哲，但因为哲哲当时心情不好而搁置。这时，哲哲有了被采访的欲望，于是有了如下的问答。

"我的理想是当一名宇航员"

问：你最喜欢做的事情是什么？

哲哲：打《植物大战僵尸》。我也喜欢看我们家里所有的书。

问：如果有一天的时间完全由你支配，你会做什么？

哲哲：我会看书、做游戏、画画、吃饭、看电视、画电脑画，还有躺着，睡觉。

问：你喜欢体育运动吗？

哲哲：喜欢。

问：你最喜欢哪个体育项目？

哲哲：骑车。

问：你喜欢读书吗？

哲哲：喜欢。

问：那你从读书中都学到了什么？

哲哲：我学到了要和朋友好好相处，天外有天，山外有山，能人后背有能人。

问：是“能人背后有能人”吧？

哲哲：对对对，嘿嘿。

问：你将来想当什么？

哲哲：宇航员。

“我爱不批评人的爸爸”

问：你喜欢什么样的爸爸妈妈？

哲哲：不批评人，孩子想干啥就干啥。

问：那要是小孩做了一些很过分的事情，大人也不批评？

哲哲：那得批评，但不能打。

问：如果你当爸爸了，你也有儿子了，你会怎么对待你的儿子呢？

哲哲：好好跟他说话，不让他在学习上很苦恼，天天陪他玩，按时讲故事，辅导他做作业，不打他也不骂他。

问：如果你的儿子不想游泳、不想学习，你会怎么办？

哲哲：跟他好好讲呗。

问：如果你是爸爸，你会有几个孩子？

哲哲：两个。

问：理由是？

哲哲：有两个孩子就不用我陪他们玩了，老大陪老二，就可以了。

问：你就不教育孩子了？

哲哲：我很忙的，宇航员要经常在太空中飞行。但在地球上的时候，我会给他俩讲讲我在太空中看到的怪兽，给他们看我拍的照片。

“我喜欢没有惩罚的学校”

问：你喜欢上学吗？

哲哲：不喜欢。

问：为什么？

哲哲：因为上学让人很烦恼，有很多作业。还有学习时间太长，一节课 40 分钟，课间才 10 分钟，我觉得很不公平。

问：那你觉得怎样才是公平的？

哲哲：至少上课时间和课间休息时间是一样的。

问：你的意思是半天上课、半天休息？

哲哲：大概是这个意思。

问：你觉得什么样的班级是好的班级？

哲哲：每个同学都为班级作贡献。

问：如果你是班长，你会怎样管理你的班级？

哲哲：照顾好每一位同学，比如说做眼保健操时，督促同学认真做。

问：如果同学不听呢？

哲哲：那就耐心劝对方，而不是惩罚他。如果同学老犯错误，就说“原谅你一次”。我呀，一般都不惩罚人。

问：惩罚不好吗？

哲哲：不好。

问：怎么不好？具体说说。

哲哲：不好就是不好。惩罚会让人很不开心。

问：你觉得什么样的同学受欢迎？

哲哲：学习好的同学。

问：那什么样的孩子不受欢迎？

哲哲：学习不好的，还有，长得不好看的。

“经常让学生郊游，最好一周一次”

问：你喜欢什么样的教师?

哲哲：长得漂亮，而且说话很温柔，不会惩罚学生，只会表扬学生。

问：如果你是教师，你会怎么教育你的学生?

哲哲：如果学生不会，我就做示范。如果学生表现好，我就给他们讲故事作为奖励。如果学生不听话，我就耐心地跟他说，让他改正。

问：如果你耐心地说了以后，他们还不听呢?

哲哲：就罚他们课间不许玩。

问：那你喜欢什么样的学校?

哲哲：校园很美丽，教育也特别好。比如说，玩的时候学生能好好地玩，学的时候学生能把每件事都做得很完美。另外，每天上一节电脑课。

问：电脑课?你的目的是?

哲哲：那样我就可以玩游戏啦!

问：如果你是校长，你会怎么做?

哲哲：不留作业，经常让学生出去郊游，一周一次。午餐想吃什么就有什么。最好是有豆沙包，我们班的同学都爱吃豆沙包，还有牛肉、土豆、鸡翅等。还有，上课的时间与休息的时间一样长。

［2018 年 10 月 13 日，哲哲 13 岁］

这天晚上，我把 6 年半前采访哲哲的提纲拿出来，请哲哲如实回答，于是有了如下的问答。

“我在书中看到了不一样的人和世界”

问：你最喜欢做的事情是什么？

哲哲：看“番”。

问：“番”是什么？

哲哲：日本动漫。

问：哦，如果有一天的时间完全由你支配，你会做什么？

哲哲：找个朋友去旅行。

问：男生还是女生？

哲哲：要你管？反正是同学。

问：你喜欢体育运动吗？

哲哲：还可以。

问：最喜欢哪个体育项目？

哲哲：除跑步之外的所有体育运动。

问：你喜欢读书吗？

哲哲：喜欢。

问：那你从读书中都学到了什么？

哲哲：我在书中看到了不一样的人和世界。

问：你将来想当什么？

哲哲：商人。

“我喜欢自由”

问：你喜欢什么样的爸爸妈妈？

哲哲：懂得教育孩子、有很强责任心的爸爸妈妈，如果有钱就更好了。

问：如果你当爸爸了，你也有儿子了，你会怎么对待你的儿子呢？

哲哲：我现在想单身。

问：理由是？

哲哲：我喜欢自由。

“我喜欢细心负责的教师”

问：你喜欢上学吗？

哲哲：还行。

问：为什么？

哲哲：虽然起得很早，但是和同学们在一起学习还是很快乐的。

问：你觉得什么样的班级是好的班级？

哲哲：有一个负责任的班主任和一群智商正常的同学。

问：如果你是班长，你会怎样管理你的班级？

哲哲：没当上，不知道哇。

问：你觉得什么样的同学受欢迎？

哲哲：颜值要过得去，比较幽默，跟同学有共同爱好。

问：那什么样的同学不受欢迎？

哲哲：太正经、爱贫嘴、颜值特别低这三种。

问：你喜欢什么样的教师？

哲哲：细心负责的教师。

问：如果你是教师，你会怎么教育你的学生？

哲哲：我不想当教师。

问：那你喜欢什么样的学校？

哲哲：考试比较少，上课时间不那么早，课外活动比较多。

问：如果你是校长，你会怎么做？

哲哲：在按照教育局的要求管理好学校的基础上，让学生多一些自由和快乐。

附录二

哲哲书单

小学书单

小学低段（一二年级）

1. “我爱阅读丛书：黄色系列”，[法]克里斯蒂娜·帕吕伊 等著，[法]伊夫·卡拉奴 等绘，长江少年儿童出版社2019年版。
2. “阿甘先生”系列（全6册），[英]安迪·斯坦顿 著，[英]大卫·塔兹曼 绘，柳杉 周明瑞 于潼 张加楠 译，南海出版公司2011年版。
3. “神奇树屋”系列（全8册），[美]玛丽·波·奥斯本 著，[美]萨尔·莫多卡 绘，马爱农 译，浙江教育出版社2018年版。
4. “阅读123”系列第2辑（全10册），哲也 等著，水腦 等绘，贵州人民出版社2012年版。
5. “暴风雨之夜”系列（全7册），[日]木村裕一 文，[日]阿部弘士 图，彭懿 译，连环画出版社2015年版。
6. “晴天有时下猪”系列（全9册），[日]矢玉四郎 著，彭懿 译，二十一世纪出版社2014年版。
7. “劳拉的星星”系列（全12册），[德]克劳斯·鲍姆加特 著，许婷 译，中国少年儿童出版社2018年版。
8. “不一样的卡梅拉”（手绘本全12册），[法]克利斯提昂·约里波瓦 著，[法]克利斯提昂·艾利施 绘，郑迪蔚 译，二十一世纪出版社2013年版。
9. “老鼠记者第一辑”（全5册），[意]杰罗尼摩·斯蒂顿 著，二十一世纪出版社2016年版。
10. “企鹅机动队”（全11册），[日]齐藤洋 文，[日]高畠纯 图，田秀娟 译，北京联合出版有限公司2017年版。
11. 《说给儿童的中国历史》（全9册），陈卫平 沙永玲 主编，湖南少年儿童出版社2018年版。
12. 《彩色连环画中国历史》，孟庆江 主编，贵州教育出版社2018年版。
13. 《青蛙和蟾蜍好朋友》，[美]艾诺·洛贝尔 著，潘人木 党英台 译，明天出版社2009年版。
14. “字的童话”（全7册），林世仁 编文，章毓倩 绘，贵州人民出版社2013年版。
15. “青蛙弗洛格的成长故事”（全26册），[荷]马克思·维尔修思 著，彭懿 杨玲玲 译，湖南少年儿童出版社2018年版。
16. “小淘气尼古拉故事全集”（全11册），[法]勒内·戈西尼 著，[法]让-雅克·桑贝 绘，戴捷 梅思繁 译，中国少年儿童出版社2014年版。
17. 《夏洛的网》，[美]E. B. 怀特 著，任溶溶 译，上海译文出版社2014年版。
18. 《大林和小林》，张天翼 著，北方妇女儿童出版社2011年版。
19. “汉声中国童话”系列（全12册），汉声杂志社 编写/绘图，天地出版社2018年版。
20. “百年童话绘本·典藏版”系列，[德]格林兄弟 [丹]安徒生 等著，北京联合出版有限公司2016年版。
21. 《月光下的肚肚狼》，冰波 著，新蕾出版社2008年版。
22. 《好鼠兔——夏勒博士听鼠兔泽仁讲故事》，[美]乔治·夏勒 著，何南燕 绘，吕植 康蔼黎 译，北京联合出版有限公司2012年版。
23. 《稻草人》，叶圣陶 著，河北少年儿童出版社2014年版。
24. “弗朗兹故事全集”（全18册），[奥]克里斯蒂娜·涅斯特林格 著，湘雪 译，二十一世纪出版社2016年版。
25. 《一个孩子的诗园》，[英]罗伯特·路易斯·斯蒂文森 著，漪然 译，湖北美术出版社2018年版。
26. 《明天要远足》，方素珍 著，人民教育出版社2017年版。

27. “金子美铃童谣诗集”（全3册），[日]金子美铃 著，[日]千叶万希子 译，北京理工大学出版社2017年版。
28. 《当世界年纪还小的时候》，[德]于尔克·舒比格 著，[德]罗特劳特·苏珊娜·贝尔娜 绘，四川少年儿童出版社2006年版。
29. “小牛顿科学馆”系列（全30册），台湾牛顿出版股份有限公司 编著，接力出版社2017年版。
30. “神奇校车”系列（图画书版全12册），[美]乔安娜·科尔 文，[美]布鲁斯·迪根 图，贵州人民出版社2018年版。
31. 《彼得兔经典故事集》，[英]比阿特丽克斯·波特 著/绘，刘晓媛 刘懿 译，中国宇航出版社2014年版。
32. 《地铁开工了》，[日]加古里子 著，肖潇 译，北京科学技术出版社2012年版。
33. “蛋蛋学校”第一辑（全4册），宋海东 著，福建少年儿童出版社2012年版。
34. 《盘中餐》，于虹呈 著/绘，中国少年儿童出版社2016年版。
35. 《鄂温克的驼鹿》，格日勒其木格·黑鹤 著，九儿 绘，接力出版社2018年版。
36. 《昆虫Q&A》，朱耀沂 著，卢耽 摄/绘，商务印书馆2015年版。
37. “漫画万物由来”（全6册），郭翔 著，辽宁少年儿童出版社2016年版。
38. “温妮女巫魔法绘本”第一辑（全8册），[澳]瓦莱丽·托马斯 著；[英]科奇·保罗 绘；任溶溶 译，外语教学与研究出版社2016年版。
39. “中国优秀图画书典藏”系列一（全5册），包蕾 等著，詹同 等绘，贵州人民出版社2009年版。
40. “中国传统节日故事”系列（全8册），林良 管家琪 等著，贵州人民出版社2018年版。
41. “中国汉字听写大会·我的趣味汉字世界”系列第一辑（全5册），《中国汉字听写大会》栏目组 编著，接力出版社2015年版。
42. 《北京的春节》，老舍 文，于大武 绘，连环画出版社2014年版。
43. “中国节俗故事”系列（全8册），郑春华 著，中国少年儿童出版社

2013年版。

44. 《郑渊洁十二生肖童话》（全12册），郑渊洁 著，浙江少年儿童出版社2015年版。

45. “中国名家经典原创图画书”系列第一辑（全6册），李一慢 等著，郑凯军 等绘，清华大学出版社2017年版。

46. 《一只小鸡去天国》，汤汤 文，阿力金吉儿 图，明天出版社2017年版。

47. “姆咪谷故事全集”（全5册），[芬兰]托芙·扬松 著，十画 译，浙江少年儿童出版社2014年版。

48. 《波普先生的企鹅》，[美]理查德·阿特沃特　弗洛伦斯·阿特沃特 著，[美]罗伯特·罗素 绘，安聿麒 译，新蕾出版社2013年版。

49. 《苹果树上的外婆》，[奥]米拉·洛贝 著，[奥]祖西·魏格尔 绘，张桂贞 译，新蕾出版社2011年版。

50. 《在那遥远的森林里》，[德]保罗·马尔 著，[德]瓦琳娜·巴尔蒙森 绘，湘雪 译，北京少年儿童出版社2014年版。

51. “淘气的阿柑”系列（全4册），[美]莎拉·潘尼培克 著，[美]玛拉·弗雷齐 绘，邹嘉容　孙淇 译，贵州人民出版社2015年版。

52. “四个半朋友”系列（全16册），[德]弗里德里希 著，李蕊 译，二十一世纪出版社2012年版。

53. 《父与子全集》，[德]卜劳恩 著，田伟华 译，中国妇女出版社2011年版。

54. 《蔡志忠古典幽默漫画》（套装），蔡志忠 著，海豚出版社2016年版。

55. “蓝精灵漫画经典珍藏版”，[比]贝约 著，戴捷 徐颖 等译，接力出版社2019年版。

56. “林海音奶奶讲寓言”（全4册），林海音 文，张世明 图，贵州人民出版社2013年版。

57. “中国绘·国学经典启蒙”系列，王清溪 等编，梁培龙 绘，新世纪出版社2012年版。

58. “大师中国绘·民间故事”系列，杨永青 编/绘，新蕾出版社2015年版。

59. “写给儿童的启蒙经典”系列（全6册），华一书局 编著，陈士侯 绘，贵州教育出版社2015年版。

60. “国粹戏剧图画书”系列（全7册），海飞 缪惟 编写，刘向伟 绘，新疆青少年出版社2014年版。

小学中段（三四年级）

61. 《给孩子读唐诗》，夏昆 著，鹭江出版社2018年版。
62. 《给孩子读宋词》，夏昆 著，鹭江出版社2018年版。
63. 《最好的方法读唐诗》，王芳 著，东方出版社2016年版。
64. 《写给儿童的通俗文学》，施耐庵 等著，华一书局 改写，贵州教育出版社2016年版。
65. 《刘心武爷爷讲红楼梦》，刘心武 著，天地出版社2018年版。
66. 《驯鹿人的孩子》，彭懿 摄影，接力出版社2018年版。
67. 《少年读史记》，张嘉骅 编著，青岛出版社2015年版。
68. 《写给儿童的中国历史》（全14册），陈卫平 著，新世界出版社2014年版。
69. 《写给儿童的世界历史》（全16册），陈卫平 林满秋 黄郁彬 著，贵州教育出版社2014年版。
70. 《中国历史地图绘本》，《中国历史地图绘本》编委会，中国大百科全书出版社2013年版。
71. “我的智慧成语世界”系列（全6册），《中国成语大会》栏目组 编著，接力出版社2017年版。
72. 《我们，我们的历史》，[法]克里斯多夫·伊拉-索拉尔 著，[法]伊万·波莫 妮可尔·波莫 绘，董莹 译，光明日报出版社2015年版。
73. 《地图》（人文版），[波]亚历山德拉·米热林斯卡 [波]丹尼尔·米热林斯基 著，冯婷 等译，贵州人民出版社2018年版。
74. 《荒野的呼唤》，[美]杰克·伦敦 著，闻钟 主编，人民邮电出版社2013年版。
75. 《我和狗狗的16 年》，[日]高木直子 著/绘，黄悦生 译，北京联合出版有限公司2015年版。

76. 《战马》，[英]迈克尔·莫波格 著，李晋 译，南海出版公司2016年版。

77. “危境马王”系列（全3册），[美]凯瑟琳·拉丝基 著，徐懿如 等译，接力出版社2016年版。

78. “西顿动物小说全集”，[美]欧·汤·西顿 著，[美]欧·汤·西顿 于春华 绘，王晓丹 孙淇 译，接力出版社2016年版。

79. 《狼獾河》，格日勒其木格·黑鹤 著，接力出版社2017年版。

80. “艰难的归程”系列（修订版），牧铃 著，中国少年儿童出版社2013年版。

81. 《河合雅雄动物记》，[日]草山万兔 著，[日]薮内正幸 金尾惠子 绘，孙雅甜 译，贵州人民出版社2015年版。

82. “猫头鹰王国”套装（全15册），[美]凯瑟琳·拉丝基 著，马爱农 译，湖北少年儿童出版社2009年版。

83. “猫武士”一部曲（全6册），[英]艾琳·亨特 著，赵振中 译，中国少年儿童出版社2017年版。

84. “椋鸠十动物小说”（全10册），[日]椋鸠十 著，安伟邦 等译，二十一世纪出版社2018年版。

85. 《狼王梦》，沈石溪 著，浙江少年儿童出版社2017年版。

86. “动物励志小说”系列（全8册），常新港 著，春风文艺出版社2013年版。

87. “可怕的科学·经典科学”系列，[英]尼克·阿诺德 著，[英]托尼·德·索雷斯 绘，韩庆九 等译，北京少年儿童出版社2013年版。

88. “酷虫学校”系列，吴祥敏 著，夏吉安 庄建宇 绘，接力出版社2015年版。

89. 《科瓦奇讲植物、动物、天文与地理》（全3册），[英]查尔斯·科瓦奇 著，新竹人智学会 译，贵州教育出版社2013年版。

90. 《大嚼科学·动物卷》，钟欢 著，明天出版社2017年版。

91. 《昆虫脸书》，黄仕杰 著，商务印书馆2015年版。

92. 《昆虫记》（修订本），[法]让-亨利·法布尔 著，陈筱卿 译，时代文学出版社2017年版。

93. 《大英儿童百科全书》（全16卷），不列颠百科出品，史明 等译，湖南少年儿童出版社2012年版。

94. 《DK探索·斑斓昆虫》，[英]戴维·伯尔尼 著，吴佳瑶 译，科学普及出版社2015年版。

95. 《男孩的冒险书》（少儿绘图版全3册），[英]康恩·伊古尔登 [英]哈尔·伊古尔登 著，广西科学技术出版社2016年版。

96. 《365个科学创意》，[英]米娜莱西 等著，[英]亚历克斯沃克 等绘，高婷婷 译，光明日报出版社2015年版。

97. “君伟上小学”系列，王淑芬 著，赖马 绘，浙江少年儿童出版社2014年版。

98. 《名侦探柯南》（全10册），[日]青山刚昌 著，青文 译，长春出版社2013年版。

99. “数学世界历险记”系列（全8册），[韩]柳己韵 著，[韩]文政厚 绘，金玉花 译，二十一世纪出版社2018年版。

100. 《我的第一本地理启蒙书》，郑利强 著，段虹 绘，新世界出版社2016年版。

101. “This is米先生的世界旅游绘本”系列（全16册），[捷]M. 萨塞克 编绘，马爱农 等译，安徽少年儿童出版社2014年版。

102. 《我的收藏：寻找大自然的宝藏》，[日]盛口满 文/图，浪花朵朵童书编译，北京联合出版有限公司2016年版。

103. “我的自然科学课”系列（全4册），[日]三枝博幸 等著，[日]松原岩树 等绘，李奕 等译，江苏少年儿童出版社2017年版。

104. “罗尔德·达尔作品典藏”系列（全13册），[英]罗尔德·达尔 著，任蓉蓉 等译，明天出版社2017年版。

105. 《飞向人马座》，郑文光 著，陕西人民教育出版社2013年版。

106. “梅格时空大冒险”系列（全5册），[美]马德琳·英格 著，黄聿君 洪夙甯 万昱 译，文汇出版社2017年版。

107. 《海底两万里》，[法]儒勒·凡尔纳 著，陈筱卿 译，浙江工商大学出版社2017年版。

108. 《猎云人》，[英]艾利克斯·希尔 著，付畅园 译，江苏文艺出版社

2016年版。

109. 《去旅行》，[法]阿梅莉·卡斯唐 等著，[法]卡米耶·杜拉斯 等绘，焦旸 译，广西科学技术出版社2017年版。

110. 《DK儿童地理百科全书》，英国DK公司编，中国大百科全书出版社2014年版。

111. “图说天下之国家地理”系列，《图说天下·国家地理系列》编委会编著，北京联合出版有限公司2012年版。

112. 《我的第一本观鸟日记》，廖晓东 马学军 著，新世纪出版社2013年版。

113. 《大侦探小卡莱》，[瑞典]阿斯特丽德·林格伦 著，李之义 译，中国少年儿童出版社2018年版。

114. 《埃米尔擒贼记》，[德]埃里希·凯斯特纳 著，华宗德 钱杰 译，明天出版社2017年版。

115. “淘气包谢得意”系列（全12册），[法]洛德 果范 等著，新疆青少年出版社2014年版。

116. “高卢英雄历险记”系列，[法]勒内·戈西尼 著，[法]阿尔伯特·乌德佐 绘，徐峰 等译，新星出版社2018年版。

117. “丁丁历险记”系列，[比]埃尔热 编/绘，王炳东 译，中国少年儿童出版社2018年版。

118. “雅卡利的神奇历险”系列，[瑞士]德里布 若布 著/绘，余宁 译，现代出版社2015年版。

119. “航海王”系列，[日]尾田荣一郎 著，梁菊清 等译，浙江人民美术出版社2013年版。

120. 《红色羊齿草的故乡》，[美]威尔逊·罗尔斯 著，侯杰 译，南海出版公司2013年版。

小学高段（五六年级）

121. 《万物简史》（少儿彩绘版），[英]比尔·布莱森 著，严维明 译，接力出版社2018年版。

122. 《希利尔讲世界史》，[美]希利尔 著，陈继华 刘娟 译，贵州教育出版社2010年版。
123. 《林汉达中国历史故事集》（全5册），林汉达 著，中国少年儿童出版社2008年版。
124. 《人类的故事》，[美]亨德里克·威廉·房龙 著，白马 译，商务印书馆2017年版。
125. 《我亲爱的甜橙树》，[巴西]若泽·毛罗·德瓦斯康塞洛斯 著，蔚玲 译，人民文学出版社2015年版。
126. 《爷爷和我》，[美]罗伯特·鲁瓦克 著，谢斌 译，广西师范大学出版社2016年版。
127. 《灵犬莱西》，[美]艾里克·奈特 著，刘向伟 绘，胡婧 译，中国少年儿童出版社2017年版。
128. 《通往特雷比西亚的桥》，[美]凯瑟琳·佩特森 著，陈静抒 译，新蕾出版社2014年版。
129. 《偷书贼》，[澳]马库斯·苏萨克 著，陶泽慧 译，北京十月文艺出版社2018年版。
130. "世界儿童历史小说经典"系列（全8册），马景贤 等著，贵州教育出版社2016年版。
131. 《给孩子讲宇宙》，李淼 王爽 著，湖南科学技术出版社2017年版。
132. 《给孩子讲量子力学》，李淼 著，民主与建设出版社2017年版。
133. 《富兰克林极地远征三部曲》（全3册），[德]克里斯蒂娜·格尔曼 著，梁锡江 余文烨 等译，广西师范大学出版社2018年版。
134. 《十二幅地图中的世界史》，[英]杰里·布罗顿 著，林盛 译，浙江人民出版社2016年版。
135. 《致未来的你——给女孩的十五封信》，殷健灵 著，青岛出版社2013年版。
136. 《致未来的你——给男孩的十五封信》，徐鲁 著，青岛出版社2016年版。
137. 《狗的家世》，[奥]康拉德·洛伦茨 著，张冰洁 译，中信出版社2012

年版。

138. 《所罗门王的指环》，[奥]康拉德·洛伦茨 著，刘志良 译，中信出版社2012年版。

139. 《看不见的森林——林中自然笔记》，[美]戴维·乔治·哈斯凯尔 著，熊姣 译，商务印书馆2014年版。

140. 《听说你也是博物学家》，[英]庄森·P. 庄森 著，花蚀 译，浙江大学出版社2016年版。

141. “银火箭少年科幻”系列（全8册），刘慈欣 等著，浙江教育出版社2018年版。

142. 《这就是二十四节气》（全4册），高春香 邵敏 著，许明振 李婧 绘，海豚出版社2015年版。

143. “世界通”漫画普及读本（全13册），[韩]李元馥 著，千太阳 译，中信出版社2015年版。

144. 《自然的魔法》，[英]理查德·道金斯 著，[英]戴夫·麦基恩 绘，李泳 译，湖南科学技术出版社2013年版。

145. 《写给儿童的中国地理》（全14册），陈卫平 等主编，新世界出版社2016年版。

146. 《大盗贼》（共3册），[德]奥得弗雷德·普鲁士勒 著，程玮 译，二十一世纪出版社2014年版。

147. 《福尔摩斯探案集》，[英]阿瑟·柯南·道尔 著，闻钟 主编，人民邮电出版社2014年版。

148. “少年律师西奥”系列（全5册），[美]约翰·格里森姆 著，蔡忠琦 等译，接力出版社2018年版。

149. “诺索夫经典儿童小说”系列（全3册），[俄]尼古拉·诺索夫 著，韦苇 译，新疆青少年出版社2017年版。

150. “林格伦作品集·美绘版”系列（全14册），[瑞典]阿斯特丽德·林格伦 著，李之义 译，中国少年儿童出版社2018年版。

151. 《汤姆·索亚历险记》，[美]马克·吐温 著，张友松 译，浙江工商大学出版社2017年版。

152. 《野芒坡》，殷健灵 著，天天出版社2016年版。
153. 《我要做好孩子》，黄蓓佳 著，江苏少年儿童出版社2016年版。
154. 《蓝熊船长的13条半命》，[德]瓦尔特·莫尔斯 著，李士勋 译，人民文学出版社2002年版。
155. “看得见的文明史”系列（全12册），[英]菲奥纳·麦克唐纳 等著，[英]约翰·詹姆斯 等绘，刘勇军 爱乐娃 译，知识出版社2015年版。
156. 《少儿视觉世界地图集》，澳大利亚威尔顿欧文公司 著，中国地图出版社 译，中国地图出版社2014年版。
157. 《希利尔讲艺术史》，[美]希利尔 著，李爽 朱玲 译，贵州教育出版社2010年版。
158. 《图解山海经》（全译彩色图解版），徐客 著，江西科学技术出版社2012年版。
159. “思考的魅力”丛书（全24册），[法]皮埃尔·裴居 等著，广西科学技术出版社2015年版。
160. 《儿童艺术博物馆：和孩子一起欣赏世界名画》，[法]克莱尔·德·阿尔古 著，任真 译，人民美术出版社2014年版。
161. 《格尔尼卡》，[法]阿兰·塞尔 编著，吕越平 译，二十一世纪出版社2015年版。
162. 《希利尔讲世界地理》，[美]希利尔 著，王敏 译，贵州教育出版社2010年版。
163. “刘慈欣少年科幻科学小说”系列（全5册），刘慈欣 著，广西师范大学出版社2016年版。
164. “纳尼亚传奇”系列（全7册），[英]C. S. 刘易斯 著，陈良廷 等译，译林出版社2011年版。
165. 《黑猫历险记》，[捷克]约瑟夫·拉达 著，刘星灿 译，浙江文艺出版社2018年版。
166. 《败者为王》，[美]戴维·克拉斯 著，陈阳 译，二十一世纪出版社2017年版。
167. 《十岁那年》，[美]赖清河 著，罗玲 译，晨光出版社2013年版。

168. 《永远讲不完的故事》，[德]米切尔·恩德 著，杨武能 译，二十一世纪出版社2013年版。
169. 《天蓝色的彼岸》，[英]亚历克斯·希勒 著，吕良忠 译，北京联合出版有限公司2019年版。
170. 《安德的游戏》，[美] 奥森·斯科特·卡德 著，李毅 译，浙江文艺出版社2016年版。
171. “魔戒三部曲”，[英]J. R. R. 托尔金 著，邓嘉宛 石中歌 杜蕴慈 译，上海人民出版社2013年版。
172. “哈利·波特”系列（全7册），[英]J. K. 罗琳 著，苏农 等译，人民文学出版社2018年版。
173. 《与大自然捉迷藏》，徐仁修 撰文/摄影，北京大学出版社2014年版。
174. “野生动物大发现”系列（全6册），[英]伯纳德·斯通豪斯 著，[英]约翰·弗朗西斯 绘，黄天源 译，辽宁少年儿童出版社2016年版。
175. 《亲爱的世界，你好呀》，[美]托比·利特尔 著，朱禛子 译，北京联合出版有限公司2017年版。

中学书单

176. 《在唐诗里孤独漫步》，夏昆 著，鹭江出版社2015年版。
177. 《温柔地走进宋词的凉夜》，夏昆 著，鹭江出版社2015年版。
178. 《六神磊磊读唐诗》，王晓磊 著，北京十月文艺出版社2017年版。
179. 《银鞍白马度春风：回到唐诗现场》，李晓润 著，上海社会科学院出版社2017年版。
180. 《断鸿声远长天暮：回到宋词现场》，李晓润 著，上海社会科学院出版社2017年版。

181. 《唐诗为镜照汗青》，鞠菟 著，清华大学出版社2017年版。
182. 《宋词一阕话古今》，鞠菟 著，清华大学出版社2017年版。
183. 《古诗词课》，叶嘉莹 著，生活·读书·新知三联书店2017年版。
184. 《小顾聊绘画》，顾爷 著，中信出版社2017年版。
185. 《八卦艺术史》，祺四 著，鹭江出版社2014年版。
186. 《和孩子聊音乐》，[美]塔珀 著，肖聿 译，中国广播影视出版社2009年版。
187. 《肥猫艺术课》，[俄]斯韦特拉娜·彼得罗娃 著，袁天添 译，北京联合出版有限公司2016年版。
188. “DADA全球艺术启蒙”系列·第一辑，[法]克里斯蒂安·诺比亚尔 [法]安东尼·乌尔曼 编，欧瑜 等译，中信出版社2016年版。
189. 《如何看一幅画》（I+II），[法]弗朗索瓦丝·芭布- 高尔 著，郑柯 译，中信出版社2014年版。
190. 《如何读中国画——大都会艺术博物馆藏中国书画精品导览》，[美]何慕文 著， 石静 译，北京大学出版社2015年版。
191. 《中国建筑史》，梁思成 著，生活·读书·新知三联书店2011年版。
192. 《文明之光》（全4册），吴军 著，人民邮电出版社2017年版。
193. 《写给大家的西方美术史》，蒋勋 著，湖南美术出版社2015年版。
194. 《艺术的故事》，[英]恩斯特·贡布里希 著，范景中 译，杨成凯 校，广西美术出版社2011年版。
195. 《中国大历史》，黄仁宇 著，生活·读书·新知三联书店2014年版。
196. 《宽容》，[美]亨德里克·威廉·房龙 著，秦立彦 译，北京联合出版有限公司2016年版。
197. 《明朝那些事儿》，当年明月 著，北京联合出版有限公司2017年版。
198. 《世界小史》，[英]恩斯特·贡布里希 著，吴秀杰 译，广西师范大学出版社2016年版。
199. 《科学简史：从亚里士多德到费曼》，[德]恩斯特·彼得·费舍尔 著，陈恒安 译，浙江人民出版社2018年版。
200. 《人类简史》，[以色列]尤瓦尔·赫拉利 著，林俊宏 译，中信出版社

2017年版。
201. 《未来简史》，[以色列]尤瓦尔·赫拉利 著，林俊宏 译，中信出版社2017年版。
202. 《小说课》，毕飞宇 著，人民文学出版社2017年版。
203. 《苏菲的世界》，[挪威]乔斯坦·贾德 著，萧宝森 译，作家出版社2017年版。
204. 《数理化通俗演义》，梁衡 著，北京联合出版有限公司2018年版。
205. 《空想科学理科读本》，[日]柳田理科雄 著，袁秀敏 译，新星出版社2018年版。
206. 《上下五千年》，林汉达 等编著，少年儿童出版社2011年版。
207. 《苏东坡传》，林语堂 著，张振玉 译，湖南文艺出版社2018年版。
208. 《钱学森传》，叶永烈 著，中国青年出版社2015年版。
209. 《丘吉尔传》，[英]马丁·吉尔伯特 著，马昕 译，长江文艺出版社2013年版。
210. 《林肯传》，[美]戴尔·卡耐基 著，张勇 译，作家出版社2016年版。
211. 《拿破仑传》，[德]埃米尔·路德维希 著，梁锡江 等译，长江文艺出版社2013年版。
212. 《亨利四世》（上下册），[英]威廉·莎士比亚 著，张顺赴 译，外语教学与研究出版社2016年版。
213. 《网：阿加西自传》，[美]安德烈·阿加西 著，刘世东 译，上海文化出版社2018年版。
214. 《渴望生活：梵高传》，[美]欧文·斯通 著，常涛 译，北京十月文艺出版社2014年版。
215. 《林奈传：才华横溢的博物学家》，[英]维尔弗里德·布兰特 著，徐保军 译，商务印书馆2017年版。
216. 《荒野求生：贝尔自传》，[英]贝尔·格里尔斯 著，邢立达 何锐 译，接力出版社2016年版。
217. 《伟大也要有人懂：少年读马克思》，韩毓海 著，中国少年儿童出版社2018年版。

218. 《从文自传》，沈从文 著，江苏人民出版社2014年版。
219. 《爱因斯坦传》，[美]沃尔特·艾萨克森 著，张卜天 译，湖南科学技术出版社2014年版。
220. 《居里夫人传》，[法]艾芙·居里 著，左明彻 译，商务印书馆2014年版。
221. 《人类的群星闪耀时：十四篇历史特写》，[奥]斯蒂夫·茨威格 著，舒昌善 译，生活·读书·新知三联书店2015年版。
222. 《异类：不一样的成功启示录》，[加]马尔科姆·格拉德·威尔 著，苗飞 译，中信出版社2014年版。
223. “移动迷宫”系列（全3册），[美]詹姆斯·达什纳 著，袁异 黄静雅 等译，接力出版社2015年版。
224. 《永恒的终结》，[美]艾萨克·阿西莫夫 著，崔正男 译，江苏文艺出版社2014年版。
225. “波西·杰克逊”系列（全5册），[美]雷克·莱尔顿 著，赵振中 等译，接力出版社2011年版。
226. 《少数派报告》，[美]菲利普·迪克 著，周昭蓉 译，译林出版社2017年版。
227. 《三体》（全3册），刘慈欣 著，重庆出版社2010年版。
228. 《达·芬奇密码》，[美]丹·布朗 著，朱振武 等译，人民文学出版社2018年版。
229. “记忆传授人”四部曲，[美]洛伊丝·劳里 著，郑荣珍 译，河北教育出版社2015年版。
230. 《迷人的材料：10种改变世界的神奇物质和它们背后的科学故事》，[英]马克·米奥多尼克 著，赖盈满 译，北京联合出版有限公司2015年版。
231. 《元素的盛宴》，[美]山姆·基恩 著，杨蓓 阳曦 译，接力出版社2015年版。
232. 《八卦医学史》（上），宁方刚 著，鹭江出版社2015年版。
233. 《海错图笔记》，张辰亮 著，中信出版社2016年版。
234. 《什么是科学》，吴国盛 著，广东人民出版社2016年版。
235. “未来新科技少儿新知”系列（全3册），小多（北京）文化传媒有限

公司 编著，接力出版社2015年版。
236.《追风筝的人》，[美]卡勒德·胡赛尼 著，李继宏 译，上海人民出版社2006年版。
237.《偷影子的人》，[法]马克·李维 著，段韵灵 译，湖南文艺出版社2018年版。
238.《许愿地球仪》，[美]克莉丝汀娜·奥森 著，张玉亮 译，百花洲文艺出版社2018年版。
239.《托德日记》，[美]马克·舒尔曼 著，张宇 译，二十一世纪出版社2014年版。
240.《平凡的世界》（全3册），路遥 著，北京十月文艺出版社2017年版。
241.《纸人》，殷健灵 著，长江文艺出版社2017年版。
242.《射雕英雄传》（全4册），金庸 著，广州出版社2013年版。
243.《陆小凤传奇》，古龙 著，文汇出版社2018年版。
244.《解忧杂货店》，[日]东野圭吾 著，李盈春 译，南海出版公司2014年版。
245.《没有色彩的多崎作和他的巡礼之年》，[日]村上春树 著，施小炜 译，南海出版公司2013年版。
246.《横道世之介》，[日]吉田修一 著，林雅惠 译，上海人民出版社2018年版。
247.《阿勒泰的角落》，李娟 著，新星出版社2013年版。
248.《羊道三部曲》，李娟 著，中信出版社2017年版。
249.《汪曾祺散文精选》，汪曾祺 著，长江文艺出版社2013年版。
250.《上学记》，何兆武 口述，文靖 执笔，人民文学出版社2016年版。
251.《我与地坛》，史铁生 著，人民文学出版社2011年版。
252.《给青年诗人的信》，[奥]里尔克 著，冯至 译，云南人民出版社2018年版。
253.《江城》，[美]彼得·海斯勒 著，李雪顺 译，上海译文出版社2018年版。
254.《美的历程》，李泽厚 著，生活·读书·新知三联书店2014年版。
255.《巨流河》，齐邦媛 著，生活·读书·新知三联书店2011年版。

256. 《林间最后的小孩——拯救自然缺失症儿童》，[美]理查德·洛夫 著，王西敏 译，中国发展出版社2014年版。

257. 《娱乐至死》，[美]尼尔·波兹曼 著，章艳 译，中信出版社2015年版。

258. 《真相：信息超载时代如何知道该相信什么》，[美]比尔·科瓦奇 汤姆·罗森斯蒂尔 著，陆佳怡 孙志刚 译，中国人民大学出版社2013年版。

259. 《乌合之众》，[法]古斯塔夫·勒庞 著，马晓佳 译，民主与建设出版社2018年版。

260. 《引爆点：如何引发流行》，[加]马尔科姆·格拉德威尔 著，钱清 覃爱冬 译，中信出版社2014年版。